uncle

初學者一定要會的
英文單字
Basic Vocabulary 1000

茫茫字海中，哪些英文單字是你非背不可的？

本書的**1000**個英文單字，就是你一定要會的！

Zoe Teng 著

husband

baby

grandmother

sister

wife

本書特色

以日常主題區分單元，讓單字貼近你的生活！
利用聯想對比幫助記憶，學會單字超EASY！
標示音標、詞性以及片語，舉一反三沒問題！
豐富例句與相關詞彙，活用單字學習更有趣！

國家圖書館出版品預行編目資料

初學者一定要會的英文單字 = Basic Vocabulary 1000
／Zoe Teng 著. --初版. -- 〔臺北市〕；寂天文化,
2009〔民98〕面； 公分

ISBN 978-986-184-613-2 (25K平裝附互動光碟片)

1. 英語 2. 詞彙

805.12 98015542

初學者一定要會的英文單字
Basic Vocabulary 1000

作 者 Zoe Teng

製 作 語言工場
出 版 寂天文化事業股份有限公司
電 話 02-2365-9739
傳 真 02-2365-9835
網 址 www.icosmos.com.tw
讀者服務 onlineservice@icosmos.com.tw

出版日期 2009年9月 初版三刷
郵撥帳號 1998620-0 寂天文化事業股份有限公司
*劃撥金額600(含)元以上者，郵資免費。
*訂購金額600元以下者，請外加60元。
〔若有破損，請寄回更換，謝謝。〕

前言

本千字表的制定參考了多種字彙來源，其中包括亞洲各國課程綱要參考字彙、數種國內外兒童英語教材常用字彙、大學入學考試中心所公布的高中英文參考詞彙表，以及 Collins COBUILD 最新字典所制定的最常用英文字彙表（該字典是根據 The Bank of English 語料庫編制的）等，並參考美國、英國、南非等國最常用英文字彙，最後再依我國學習者之生活經驗、學習目標，以及外語學習環境等因素加以篩選調整完成。

台灣整體的英語教育，起步較香港、新加坡等其他亞洲國家較慢，1,000 個英文單字對於剛開始學英文的學生來說，是最基本的努力指標。當然，僅學有 1,000 個英語字彙，對於英語能力的提升效果有限，若要眞正學好英語，必須要能持之以恆，不間斷並廣泛地接觸英語，努力充實自己才是最終之道。

本書編寫的目的，便是希望學生從基本的 1,000 英語字彙逐步學習，順利達到基本能力的要求，並在有了基礎之後，學習其他衍生或相關的詞組及用法，逐漸地增進英語能力。

另外，單字的背誦枯燥乏味，如何將個別單字的拼字、意義，或是用法眞正記住，對初學英文者也是一個難題。因此，本書中特別以「一組一組學」的學習方法，利用**聯想**與**對比**的分類方式，每次帶領讀者認識並學習一組單字。

本書編寫方式

書中的 1,000 個英語單字共分爲 20 個主題單元，包括基礎單字、家庭、身體與行動、人物與描述、情感與思想、職業、服裝、配件和顏色、食物與飲品、數字、時間與日期、消遣與嗜好、家庭用品、國家與地方、學校與學習、交通與運輸、方向與位置、尺寸、測量和數量、動物、自然與天氣、相關性單字等。

第 21 個單元爲**附錄**，內容包括了各種**詞性的說明**、**規則與不規則變化**的總整理、**時間與數字的寫法與讀法**、**練習題解答**以及**單字索引**等。

每個單元中，又再依字義的相關性或拼法等，細分爲共 108 組的相關單字。例如在 Unit 2 中共分爲三組，第一組是家中的主要成員，第二組則是家中成員的稱呼，第三組則是與家庭有關的形容詞、動詞和名詞。其中，動詞與形容詞等不易分類的單字，則與經常搭配使用的名詞分於同類，以方便記憶背誦。另外，每一組單字的數量都盡量控制在 20 個以內，以利讀者學習。

學習方法

讀者在逐步研讀此書時，應將同組中的單字，以想像的方式加強單字間的關聯性，此種學習方式可以增加印象，不容易忘記。雖然書中已分出 108 組，但讀者可以依個人的需求，將比較難背誦記憶的單字再做額外的整理分類，同樣以聯想的方式加強記憶，相信再艱澀的字彙也能輕鬆背誦。

同時，也可以利用書中的組別，依個人的程度爲自己訂立讀書計畫，並應保持隨時翻查字典的學習習慣，英文語言並不僅是以三言兩語可以解釋傳授，而是要靠個人的持之以恆以及好學不倦才得已精鍊。最後，希望本書能帶領讀者有效率地記憶英語單字，提高學習成果。

目錄 Contents

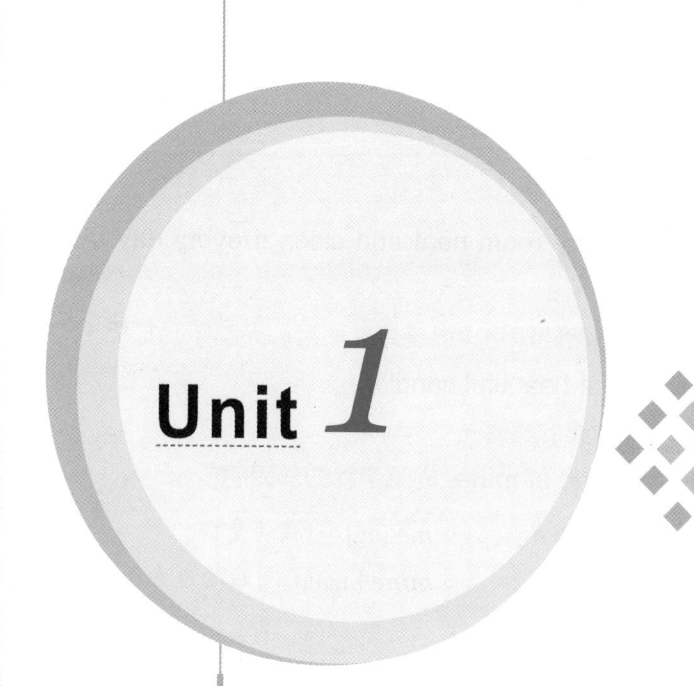

From the Beginning

基礎單字

Group 001

Disk 1

1

0001 □ I　[aɪ] 代 我

1. **I** always keep **my** room neat and clean it every day by **myself**.
   我一般都把我的房間保持得很整齊，而且每天都自己打掃。
2. Jane gave **me** a beautiful candle.
   珍送了我一個漂亮的蠟燭。
3. Joseph is a friend of **mine**. 約瑟是我的一個朋友。

- ❖ ***I*** 永遠都是以大寫表示。
- ❖ ***me*** [mi] 代 我（受格）
- ❖ ***my*** [maɪ] 代 我的
- ❖ ***mine*** [maɪn] 代 我的（東西）
- ❖ ***myself*** [maɪ`sɛlf] 代 我自己

0002 □ you　[ju] 代 你；你們

1. **You** should go to bed now. 你現在該上床睡覺了。
2. I bought **you** a music box. 我買了一個音樂盒給你。
3. Is **your** wallet lost? 你的皮包掉了嗎？
4. Hey, that is my book, and this one is **yours**.
   嘿，那是我的書，這本才是你的（書）。
5. Did you make this **yourself**? 這是你自己做的嗎？
6. Please help **yourselves** to sandwiches.
   這三明治請你們自己取用。

- ❖ ***your*** [jur] 代 你的
- ❖ ***yours*** [jurz] 代 你的（東西）
- ❖ ***yourself*** [jur`sɛlf] 代 你自己
- ❖ ***yourselves*** [jur`sɛlvz] 代 你們自己

0003 □ he [hi] 代 他

1. **He** is good-looking. 他長得很好看。
2. Did you meet **him** before? 你以前見過他嗎？
3. The new teacher is very shy. What is **his** name?
   新來的老師很害羞，他的名字是？
4. This copy of *The Little Prince* is **his**.
   這本《小王子》是他的（書）。
5. Sam introduced **himself** to us. 山姆向我們介紹他自己。

❖ ***him*** [hɪm] 代 他（受格）
❖ ***his*** [hɪz] 代 他的；他的（東西）
❖ ***himself*** [hɪm`sɛlf] 代 他自己

0004 □ she [ʃi] 代 她

1. **She** looks so pretty tonight. 她今晚看起來好美。
2. Lucy lost **her** puppy. Can you help **her**?
   露西她的小狗不見了。你可以幫幫她嗎？
3. Cathy took the bag on the desk, but it was not **hers**.
   凱西拿了桌上的包包，但那不是她的（包包）。
4. Lora moved the box by **herself**. 蘿拉自己搬開了箱子。

❖ ***her*** [hɝ] 代 她（受格）；她的
❖ ***hers*** [hɝz] 代 她的（東西） ❖ ***herself*** [hɚ`sɛlf] 代 她自己

0005 □ it [ɪt] 代 這；那；它

1. **It** is my new computer. 這是我的新電腦。
2. I bought a movie poster yesterday and hung **it** on the

wall. 我昨天買了張電影海報，把它掛在牆上。

3. The bird flies with its wings. 鳥兒用牠的翅膀飛翔。
4. The cat licks itself clean. 貓將自己舔乾淨。

❖ ***its*** [ɪts] ㊹ 它的	❖ ***itself*** [ɪtˋsɛlf] ㊹ 它自己

0006 □ they [ðe] ㊹ 他們；她們；它們

1. My students are all clever, and they study very hard too.
   我的學生們都很聰明，他們也都很用功唸書。
2. I love them very much. 我非常愛他們。
3. I do not have their phone number. 我沒有他們的電話。
4. The house is theirs. 這房子是他們的（房子）。
5. Our boys went mountain climbing by themselves.
   男孩子們自己去爬山了。

❖ ***them*** [ðɛm] ㊹ 他（她；它）們（受格）
❖ ***their*** [ðɛr] ㊹ 他（她；它）們的
❖ ***theirs*** [ðɛrz] ㊹ 他（她；它）們的（東西）
❖ ***themselves*** [ðəmˋsɛlvz] ㊹ 他（她；它）們自己

0007 □ we [wi] ㊹ 我們

1. We hope to have our first baby this year.
   我們希望今年能有我們的第一個寶寶。
2. Tell us about your trip. 跟我們聊聊你的旅行吧。
3. That garbage is not ours. 那垃圾不是我們的（垃圾）。
4. Mother is away, and we have to take care of ourselves.
   媽媽不在，我們得自己照顧自己。

❖ ***us*** [ʌs] 代 我們（受格） ❖ ***our*** [aʊr] 代 我們的

❖ ***ours*** [aʊrz] 代 我們的（東西）

❖ ***ourselves*** [aʊrˋsɛlvz] 代 我們自己

Group 002

Disk 1

2

0008 □ **be, am, is, are** [bi] [æm] [ɪz] [ɑr] 助動 是；在

1. Will it **be** Judy? 會是茱蒂嗎？
2. I **am** angry with Andy because he **is** late.
   我在生安迪的氣，因為他遲到了。
3. You **are** pretty in red. 你穿紅色的衣服很美。

❖ 動詞變化：***was/were***, ***been***, ***being***

❖ 直述句：*(1) I **am/was**… (2) You (They, We) **are/were**… (3) He (She, It) **is/was**…*

❖ 疑問句：*(1) **Am/Was** I…? (2) **Are/Were** you (they, we)…? (3) **Is/Was** he (she, it)…?*

❖ 縮寫：*(1) I am = **I'm*** *(2) He is (She is) = **He's (She's)*** *(3) You are = **You're*** *(4) We are = **We're*** *(5) They are = **They're***

0009 □ **do, does** [du] [dʌz] 助動 做；行動

1. **Do** you like chocolate? 你喜歡吃巧克力嗎？
2. **Does** Jimmy play basketball? 吉米打籃球嗎？

❖ 動詞變化：***did, done, doing***

❖ 主詞為第一、二人稱時，用 ***do***；第三人稱時，用 ***does***。

0010 □ **can, could** [kæn] [kʊd] 助動 能；會；可以

1. I **can** finish this book tomorrow. 我明天可以完成這本書。
2. **Can** you play the piano? 你會彈鋼琴嗎？
3. I wish I **could** go to Italy next year.
   我希望明年能去義大利。
4. **Could** it be wrong? 這有沒有可能是錯的？

❖ ***could*** 除了作 *can* 的過去式，還可作其他解釋：

(1) 用於**假設語氣**，表示與事實相反。

(2) 用於表示**可能性**。

(3) 用於**婉轉語氣**。

0011 □ **may, might** [me] [maɪt] 助動 可能；也許；可以

1. You **may** catch a cold. 你可能感冒了。
2. **May** I come in? 我可以進來嗎？
3. It **might** rain in the afternoon. 下午可能會下雨。
4. Kelly said that she **might** go to the library.
   凱莉說過她可能會去圖書館。

❖ ***might*** 除了作 *may* 的過去式，也可不表示過去式，而語氣比 *may* 更為**遲疑**、**婉轉**。

0012 □ must
[mʌst] 助動 必須；一定要；一定是

1. Lily **must** go home before 11 pm.
   莉莉必須在晚上 11 點前回家。
2. This magazine **must** be yours. 這本雜誌一定是你的吧。

> ❖ ***must*** 可表示**命令**、**強制**、**必要性**或**肯定的推測**。

0013 □ will, would
[wɪl] [wʊd] 助動 將；要；願意

1. I **will** visit my cousin in August.
   我將在八月拜訪我的表弟。
2. **Would** you like to have a cup of tea?
   你想要喝杯茶嗎？
3. Annie told me that she **would** come for dinner.
   安妮跟我說過她會來用晚餐。

> ❖ ***would*** 除了作 *will* 的過去式，也可以表示**婉轉的請求**，或是表示**喜歡及意願**。

0014 □ shall
[ʃæl] 助動 將；要不要；應該

1. **Shall** we dance? 要不要和我跳舞？

> ❖ ***shall***在現代英語中已不再表示簡單未來式，而用於**提議**的問句中。

0015 □ should
[ˋʃʊd] 助動 應該；必須；可能

1. You **should** tell them what happened.
   你應該告訴他們發生了什麼事。
2. You **should** stay at home and take a rest.
   你應該待在家裡休息。

❖ ***should*** 為 ***shall*** 的過去式。可用於語氣較強的假設句，或表示可能性、推論、建議、責任或義務。

0016 □ **not** [nɑt] 副 不；不會

1. We are **not** talking about you. 我們不是在說你。
2. I **don't** think so. 我不這麼認為。

❖ *be* 動詞＋*not*：*(1)* ***is not*** = ***isn't*** *(2)* ***was not*** = ***wasn't*** *(3)* ***are not*** = ***aren't*** *(4)* ***were not*** = ***weren't***

❖ 助動詞＋*not*：*(1)* ***do not*** = ***don't*** *(2)* ***does not*** = ***doesn't*** *(3)* ***did not*** = ***didn't***

Group 003

Disk 1

3

0017 □ **a, an** [ə] [æn] 冠 一；任一；某一

1. Richard has **a** leather suitcase. 理查有一個皮製行李箱。
2. I met Tracy **a** month ago. 我一個月前碰到過崔西。
3. We spent **an** hour looking for the parking lot. 我們花了一個小時找停車場。
4. Linda eats **an** apple every day. 琳達每天都會吃一顆蘋果。

❖ 冠詞分為不定冠詞和定冠詞兩種，*a (an)* 是**不定冠詞**。其後的字首若以**子音**發音，就用 ***a***，若以**母音**發音，則用 ***an***。

0018 □ **the** [ðə] 冠 這（個）；那（個）；這些；那些

1. Where is **the** book I put on the table an hour ago?
   我一小時前放在桌上的那本書在哪裡？
2. Do you know **the** man over there?
   你認識那邊那個男人嗎？

❖ ***the*** 是定冠詞，用於所指的人或物非常明確時。

Group 004

Disk 1

4

0019 □ **this** [ðɪs] 代 形 這；這個（人、事、東西）

1. Look at **this** 代! 看看這個！
2. **This** 形 wallet is not mine. 這皮包不是我的。

0020 □ **that** [ðæt] 代 形 那；那個（人、事、東西）

1. **That** 代 is not true. You are lying.
   那不是真的，你在撒謊。
2. I am in love with **that** 形 woman. 我愛上那個女人了。

0021 □ **these** [ðiz] 代 形 這些（的）

1. What are **these** 代? 這些是什麼？
2. **These** 形 books are not yours. 這些書不是你的。

0022 □ **those** [ðoz] 代 形 那些（的）

1. **Those**代 are Helen's letters. 那些是海倫的信。
2. Look at **those**形 kitties. They are so cute.
   你看那些小貓，好可愛啊。

0023 □ **another** [ə`nʌðɚ] 代 形 另一個；另外的

1. Daisy doesn't like that red skirt and asks for **another**代.
   黛西不喜歡那件紅色的裙子，便要求看另外一件。
2. Can you think of **another**形 idea?
   你可以再出另外一個主意嗎？

❖ ***one another*** 彼此；互相 ❖ ***another story*** 另一回事

Group 005

Disk 1 5

0024 □ **thing** [θɪŋ] 名 可數 (-s) 事情；事件；東西

1. What is the next **thing** we have to do?
   我們下一件事該做什麼？
2. I can't see a **thing** in the dark basement.
   在黑暗的地下室裡，我一樣東西也看不到。

0025 □ **anything** [`ɛnɪˏθɪŋ] 名 可數 (-s) 任何事物；什麼事物

1. Is there **anything** you want to tell me?
   你有什麼事想告訴我嗎？
2. Is there **anything** I can help? 有任何事我可以幫忙嗎？

❖ ***anything but*** 單單除……之外；根本不

0026 □ **everything** [ˋɛvrɪˏθɪŋ] 代 每件事；一切事物

1. **Everything** is going well so far. 目前一切都還不錯。
2. You can't count on others for **everything**.
   你不能事事都依賴別人。

0027 □ **something** [ˋsʌmθɪŋ] 代 某人；某事

1. I have **something** to tell you. 我有件事要告訴你。
2. Something is going wrong. 有些事情不對勁。

0028 □ **nothing** [ˋnʌθɪŋ] 代 沒事；沒什麼

1. The young man said **nothing**代.
   那年輕人什麼也不說。
2. There is **nothing** I can say. 我沒有什麼事可以說。

❖ ***nothing but*** 只有；只不過

Group 006

Disk 1

6

0029 □ **on** [ɑn] 介 在……之上

1. There is a glass **on** the table. 桌上有一個杯子。

2. Judy hung the picture on the wall. 茱蒂把畫掛在牆上。

> ❖ ***on*** 用於表示**特定的日期**。可與以下的 ***at*** 和 ***in*** 做比較。
> (1) ***on the first day*** 第一天 (2) ***on May 5*** 在5月5日
> ❖ ***on and on*** 繼續不停地 ❖ ***on fire*** 著火
> ❖ ***on the way to...*** 在去……的路上 ❖ ***on foot*** 步行

0030 □ **at** [æt] ㊉ 在……地點；在……時刻；朝……方向

1. When we arrived at the airport, Lisa was not there.
   我們到達機場時，莉莎並不在那裡。
2. I have to attend a meeting at 4 this afternoon.
   我在下午四點得參加一個會議。
3. Don't look at me like that! 別這樣對著我看！

> ❖ ***at the price of one dollar*** 以一塊錢的價格
> ❖ ***at the age of thirty*** 30 歲 ❖ ***two at a time*** 一次兩個

0031 □ **in** [ɪn] ㊉ 在……裡面；在……期間

1. Lisa is in the living room. 莉莎在客廳裡。
2. May I come back in an hour?
   我可以在一個鐘頭後回來嗎？

> ❖ ***in*** 通常用來表示**年份**和**季節**：
> (1) ***in 2005*** 在 2005 年 (2) ***in summer*** 在夏天
> ❖ ***in a hurry*** 匆忙地 ❖ ***in public*** 公開地

0032 □ **about** [əˋbaut] ㊉ 關於；大約在……時候

1. What are you talking about? 你在說些什麼？

2. I will leave **about** 3 in the afternoon.
我會在下午大約三點時離開。

❖ ***What/How about...*** ……怎麼樣？ ❖ ***be about to*** 即將

0033 □ between [bɪ`twin] 介 在……之間

1. This is a secret **between** you and me.
這是你我之間的祕密。

❖ ***between*** 用於僅指兩個人或兩件事物之間時。超過兩個人或兩件事時，要用 ***among***。

0034 □ for [fɔr] 介 為了；由於；對……而言；給

1. Having breakfast is good **for** our health.
吃早餐對健康很好。
2. Is this diamond ring **for** me? 這個鑽戒是給我的嗎？

❖ ***leave for*** 前往

0035 □ of [ɑv] 介 ……的；……之中的

1. The legs **of** the table are broken. 桌子的桌腳斷了。
2. One **of** my sisters lives in Canada.
我其中一個姐姐住在加拿大。

0036 □ off [ɔf] 介 離開 形（電器）關著的 副 停止

1. George is going **off**介 the topic. 喬治偏離主題了。
2. The television is **off**形. 電視是關著的。
3. Would you please turn **off**副 the light?
請你把燈關掉好嗎？

❖ ***turn off*** 關掉（電器） ❖ ***turn on*** 打開（電器）
❖ ***on and off*** 斷斷續續地

0037 □ **to** [tu] 介 到；關於

1. This way is **to** the airport. 這條路是到機場的。
2. This living room is big enough **to put** a large sofa in it.
   這個客廳夠大，可以放下一張大沙發。
3. Joyce likes **to go** swimming on the weekends.
   喬伊絲週末時喜歡去游泳。

❖ ***to*** 與原形動詞連用構成不定詞，如上述第二、三句。

0038 □ **with** [wɪð] 介 帶著……；與……一起

1. Hank visits me **with** flowers. 漢克帶著花來看我。

0039 □ **without** [wɪð`aut] 介 沒有；在……範圍外

1. How can we open this box **without** a tool?
   沒有工具我們怎麼可能打開這個盒子？

0040 □ **except** [ɪk`sɛpt] 介 除…之外 連 除了

1. Tony reads all kinds of books **except**介 romances.
   湯尼除了愛情小說外，什麼書都看。
2. Fannie does nothing **except**連 sleep at home.
   芬妮除了在家裡睡覺，什麼事也不做。

❖ ***except for*** 除了……之外

Group 007

Disk 1

7

0041 □ **as** [æz] 連 當……時；依照 副 像……一樣；如同 介 作為……

1. **As**(連) I was talking to your mother on the phone, you came in. 我正在和你媽媽講電話時，你就進來了。
2. Sally wishes to run **as** fast **as**(副) Gina.
   莎莉希望能跑得像吉娜一樣快。
3. Jane works part time **as**(介) a painter. 珍是兼職的畫家。

❖ ***as for*** 至於；說到	❖ ***as if*** 猶如；好似
❖ ***as though*** 好像	❖ ***as soon as possible*** 盡可能地

0042 □ **and** [ænd] 連 和；以及

1. Brenda likes to read **and** listen to music.
   布蘭達喜歡閱讀和聽音樂。

0043 □ **or** [ɔr] 連 還是；或者；否則；不然

1. We can have pizza **or** fried noodles for dinner.
   我們晚餐可以吃披薩或是炒麵。
2. Don't be late tomorrow, **or** you will possibly be fired.
   明天不要遲到了，不然你可能會被開除。

❖ ***or so*** 大約　❖ ***believe it or not*** 信不信由你

0044 □ **though** [ðo] 連 雖然；儘管 副 然而；還是

1. **Though** Betty and John are poor, they are very happy.
   雖然貝蒂和約翰很窮，他們卻很快樂。

2. “It is a nice day.” “Yes. A bit cool **though**副.”
「今天天氣不錯。」「是呀，不過有點涼就是了。」

> ❖ ***though*** 作副詞時同 ***although*** [ɔlˋðo]。
> ❖ ***though***做副詞時，通常擺在**句尾**。

0045 □ **but** [bʌt] 連 但是；然而

1. I would like to stay, **but** I really have to go now.
我很想留下來，但是我現在真的得走了。

0046 □ **because** [bɪˋkɔz] 連 因為；由於

1. Maggie cries **because** her doll is missing.
瑪姬在哭，因為她的洋娃娃不見了。

> ❖ ***because of*** 因爲
> ❖ ***because*** 後面要接子句；***because of*** 後面則要接名詞。

0047 □ **however** [haʊˋɛvɚ] 連 然而；可是；不過

1. It is Sunday today; **however**, Josh has to go to work.
今天是星期日，可是喬許要上班。

0048 □ **if** [ɪf] 連 如果；假如

1. **If** I were you, I would quit as soon as possible.
如果我是你，我會盡快辭職。

> ❖ ***if any*** 若有的話　　❖ ***if only*** 只要；但願
> ❖ ***if necessary*** 如果需要的話

0049 □ **so** [so] 副 非常；也如此（用在倒裝句）連 因此；所以

1. Elaine is **so**副 charming that people keep looking at her.
伊蓮非常有魅力，所有的人都盯著她看。
2. I enjoy listening to music and **so**副 does my boyfriend.
我很喜歡聽音樂，我男朋友也是。
3. May caught a cold, **so**連 she took a few days off.
梅感冒了，所以她休息了幾天。

❖ ***so as to*** 以便	❖ ***or so*** 大約
❖ ***so so*** 馬馬虎虎	❖ ***so…that*** 如此……以致於

0050 □ **either** [ˋiðɚ] 連 或者 代（兩者之中）任一個 形（兩者中）任一的 副 也（用於否定句）

1. **Either**連 Josh or his brother can play the piano.
不是喬許就是他的哥哥會彈鋼琴。
2. Robert doesn't like **either**代 of these ideas.
這兩個點子，羅柏一個也不喜歡。
3. **Either**形 direction is OK.
（兩個方向中）任一個方向都可以。
4. I don't like eggplant, **either**副. 我也不喜歡茄子。

❖ ***either*** 通常和 ***or*** 連用。

0051 □ **whether** [ˋhwɛðɚ] 連 是否；不管是……或是

1. Let's ask Tim **whether** he wants to join us or not.
讓我們去問問提姆，看他是否想加入我們。

❖ ***whether*** 通常和 ***or not*** 連用。

0052 □ **both** [boθ] ㊹兩者；兩個 ㊼兩個……（都）

1. **Both**㊹ of my sisters like chocolate.
   我的兩個姐姐都喜歡巧克力。
2. Agnes can speak **both**㊼ Chinese and English.
   愛格妮絲中文和英文都會說。

0053 □ **than** [ðæn] ㊿比；比較

1. Sheila is taller **than** me. 席拉比我高。

❖ ***than*** 通常使用於**比較級**的句子結構中。

Group 008

Disk 1

8

0054 □ **away** [ə`we] ㊻離開；遠離；在另一方

1. Go **away**! I don't want to see you. 走開！我不想看到你。
2. Kelly's boyfriend is **away**, and she misses him very much. 凱莉的男朋友不在，她很想念他。

❖ ***far away*** 很遠 ❖ ***three miles away*** 三哩遠
❖ ***die away*** 逐漸止息；變弱

0055 □ **else** [ɛls] ㊻其他；另外

1. Are you seeing anybody **else**? 你在和其他人交往嗎？

❖ ***anybody else*** 任何其他人 ❖ ***somebody else*** 其他人
❖ ***anything else*** 任何其他的事 ❖ ***something else*** 其他的事
❖ ***nothing else*** 沒有什麼其他事

0056 □ also [`ɔlso] 副也；還 連又；並且

1. I like to sing, and Betty **also**副 likes to sing.
   我喜歡唱歌，貝蒂也喜歡唱歌。
2. Besides English, David **also**副 speaks French.
   除了英文以外，大衛還會說法文。
3. I want to go to Spain. **Also**連, I want to learn Spanish.
   我想去西班牙。而且呀，我還想學西班牙語。

❖ ***also*** 解釋為「也」時，要放在所修飾的動詞前。可與以下的 ***too*** 比較。

0057 □ too [tu] 副也；非常；很

1. Michelle likes to travel, **too**. 蜜雪兒也喜歡去旅行。
2. The room is **too** small to put two tables in it.
   這房間太小，放不下兩張桌子。

❖ ***too ... to ...*** 太……而不能……
❖ ***too*** 解釋為「也」時，要放在句尾。

0058 □ very [`vɛrɪ] 副非常；很

1. It is **very** warm today. 今天的天氣很暖和。
2. Ted is **very** happy today. 泰德今天非常高興。

0059 □ **even** [ˋivən] 副 連；甚至

1. Don't **even** think about that! 連想都別想！

❖ ***even though*** 即使；雖然

0060 □ **never** [ˋnɛvɚ] 副 從不；決不；不要

1. I **never** drink alcohol. 我從不喝酒。
2. **Never** mind. 不用介意。

0061 □ **ever** [ˋɛvɚ] 副 在任何時候；從來

1. Have you **ever** been to Los Angeles?
   你曾經去過洛杉磯嗎？

0062 □ **just** [dʒʌst] 副 恰好；正要

1. Amanda was **just** about to leave when I came home.
   我回家時，阿曼達正要離開。

❖ ***just about*** 差不多；幾乎　　❖ ***just now*** 剛才；現在

0063 □ **quite** [kwaɪt] 副 相當；頗

1. Jeffrey was **quite** happy to watch basketball games all night. 傑佛瑞相當開心能整晚看籃球比賽。

0064 □ **almost** [ˋɔlˏmost] 副 幾乎；差不多

1. The water in the glass is **almost** full.
   杯子裡的水幾乎要滿出來了。

0065 □ **maybe** [ˋmebɪ] 副 也許；大概；可能

1. **Maybe** Nick needs to find a new job.
   也許尼克需要找個新工作。

0066 □ **perhaps** [pɚ`hæps] 副大概；或許

1. **Perhaps** Richard knows the answer.
   或許理查知道答案。
2. "Are you coming to the party tomorrow?" "**Perhaps.**"
   「你明天會來參加派對嗎？」「或許吧。」

0067 □ **really** [`riəlɪ] 副實在；確實；很

1. Frank **really** can't remember what happened.
   法蘭克實在是不記得發生了什麼事。
2. Did William **really** say that? 威廉真的有這麼說嗎？
3. This movie's story is **really** interesting.
   這部電影的故事很有趣。

0068 □ **together** [tə`gɛðɚ] 副一起；合起來

1. Why don't we take a taxi and go to the zoo **together**?
   我們何不搭一部計程車一起去動物園呢？
2. All **together**, these items cost me a hundred dollars.
   這些東西共花了我一百美元。

❖ ***together with*** 連同

0069 □ **somewhere** [`sʌm͵hwɛr] 副某處 名某個地方

1. Now we are getting **somewhere**副.
   我們終於有所進展了。

2. We have to find **somewhere**名 to stay.
我們得找個**地方**過夜。

Group 009

Disk 1

9

0070 □ **what** [ˋhwɑt] 代什麼；所……的事物 形多麼

1. **What**代 is wrong with you? 你怎麼了？
2. We don't know **what**代 to do. 我們不知道該做什麼好。
3. **What**形 a pity! 多麼遺憾啊！

❖ ***what if*** 假使　❖ ***what is more*** 而且

0071 □ **when** [hwɛn] 副什麼時候；何時 連當……時

1. **When**副 will you leave for Japan?
你什麼時候要去日本？
2. Lydia was doing her homework **when**連 her mother came home. 媽媽回家時，莉迪雅正在做功課。

0072 □ **where** [hwɛr] 代哪裡；何處 副在（往）哪裡

1. **Where**代 do you come from? 你來自**哪裡**？
2. Do you know **where**副 I can buy color pens?
你知道**哪裡**可以買到彩色筆嗎？

0073 □ **which** [hwɪtʃ] 代形哪一個；哪一些

1. **Which**代 is the hottest month of the year?
一年中最熱的月分是**哪一個**月？

2. **Which**形 color do you like? Red or blue?
你喜歡哪一個顏色？紅色還是藍色？

0074 □ **how** [hau] 副怎樣；如何

1. **How** is the climate in San Francisco?
舊金山的天氣如何？

❖ ***how long*** 有多久	❖ ***how many*** 有多少
❖ ***how old***（年紀）多大	❖ ***how much*** 多少

0075 □ **why** [hwaɪ] 副為什麼

1. **Why** are you so angry? 你為什麼這麼生氣？

❖ ***why not***（回答問句）好；（回答否定句）爲什麼；何不

0076 □ **who** [hu] 代誰；什麼人

1. **Who** are you talking to? 你在跟誰說話？

0077 □ **whose** [huz] 代誰的；那個人的

1. **Whose** car is this? 這是誰的車？

Group 010

Disk 1

0078 □ **meet** [mit] 及物 不及 遇見；碰面

1. I **met**及 her on the way to school yesterday.
我昨天在上學的路上碰見她。

2. Shall we **meet**[不及] in front of the library?
我們在圖書館前碰面好嗎？

> ❖ 動詞變化：***met, met, meeting***
> ❖ ***meet...half way*** 與……妥協

0079 □ **hello** [hə`lo] 嘆 喂；你好 名 打招呼

1. **Hello**[嘆], may I speak to Laura please?
喂，請找蘿拉聽電話好嗎？
2. **Hello**[嘆], there. How are you? 嘿，哈囉。你好嗎？
3. Tina didn't say **hello**[名] to me when she saw me this morning. 蒂娜今天早上看到我時，沒有和我打招呼。

0080 □ **hi** [haɪ] 嘆 嗨；你好 名 問好

1. **Hi**[嘆], there. How are you doing? 嗨！你好嗎？
2. Please say **hi**[名] to them for me. 請代我向他們問好。

0081 □ **yes, yeah** [jɛs] [jɛ] 副 是的；是

1. "Is this pen yours?" "**Yes**, that is mine."
「這是你的筆嗎？」「是啊，那是我的。」
2. **Yeah**, it would be great if you could take me to the train station. 是呀，如果你能帶我去火車站那就太好了。

0082 □ **no** [no] 形 副 不；沒有

1. Vanessa has **no**[形] idea about what happened.
凡妮莎不曉得發生了什麼事。
2. **No**[副], I don't want to go shopping today.
不，我今天不想去逛街。

❖ ***say no (to)*** 拒絕
❖ ***no way*** 當然不；決不
❖ ***no wonder*** 難怪
❖ ***no doubt*** 毫無疑問地

0083 □ **O.K.** [ˋoˋke] 形可以的；不錯的 嘆好；可以

1. Is it **O.K.**形 for me to take it? 我可以拿這個嗎？
2. The shirt is quite **O.K.**形. 這件襯衫還不錯。
3. **O.K.**嘆, I will meet you at the park at 3 pm tomorrow.
   好啊，明天下午三點我在公園和你碰面。

0084 □ **good-bye** [ˌgudˋbaɪ] 嘆再見 名告別；再見

1. It's very nice meeting you here. **Good-bye**嘆.
   很高興在這裡見到你。再見。
2. I really don't want to say **good-bye**名 to you.
   我真不想跟你說再見。

❖ 也可以用 ***goodbye*** 或 ***bye***。

0085 □ **please** [pliz] 嘆請

1. Would you **please** help me with the book?
   可以請你幫我拿那本書嗎？

0086 □ **sorry** [ˋsɔrɪ] 形感到抱歉的 嘆對不起

1. I am **sorry**形 about it. 我對這件事感到很抱歉。
2. **Sorry**嘆, I will let you through in a minute.
   對不起，我馬上就讓你過。

❖ ***feel sorry for...*** 爲……感到可惜

0087 □ fine [faɪn] 形 健康的；舒適的；（天氣）晴朗的

1. I feel **fine**. 我感覺不錯。
2. The weather is **fine** today. 今天的天氣很晴朗。

❖ 形容詞變化：*finer, finest*

0088 □ well [wɛl] 副 很好 嘆 嗯；啊

1. I am doing **well**副 here. 我在這裡很好。
2. **Well**嘆, you don't look like you're sick.
   嗯，你看起來不太像生病了。

❖ *as well* 也 ❖ *well done* 做得好

0089 □ thank [θæŋk] 及 感謝 名 謝意；感謝

1. **Thank**及 you for picking me up. 謝謝你來接我。
2. Amy is writing a letter of **thanks**名 to her host family.
   艾咪正在寫一封感謝卡給她的寄宿家庭。

❖ 動詞變化：*thanked, thanked, thanking*
❖ *thanks to* 幸虧；由於

0090 □ welcome [ˋwɛlkəm] 不及 歡迎

1. **Welcome** to our home, Lily. 莉莉，歡迎來我們家。

❖ 動詞變化：*welcomed, welcomed, welcoming*

0091 □ **sure** [ʃur] 形 確定的；有把握的

1. How can you be so **sure**? 你怎麼能這麼確定？

❖ 形容詞變化：***surer, surest***	❖ ***for sure*** 確定地
❖ ***make sure*** 設法確定	❖ ***sure of*** 深信；確定

0092 □ **happen** [ˋhæpən] 不及 發生

1. What **happened**? 發生什麼事了？

❖ 動詞變化：***happened, happened, happening***

練習題 Exercise 1

☞**Ans.** p. 373

1 看圖填充：請從下列單字中，選出正確的字填入句子裡：

his　　her　　their　　yours
myself　　this　　those　　between
beside　　thanks　　doesn't　　don't
where
what

(1) ______ are apples.

(2) ______ am I?

(3) Is this pen ______?

(4) She ______ like milk.

(5) Alex is standing ______Sally and Mary.

(6) I hurt ______.

(7) Steve has a pen in ______ hand.

(8) ______ for helping me.

(9) Is ______ book for me?

(10) ______ daughter is very tall.

2 填字遊戲

									c.1.		T						
						b.			L								
											d.						
					2.	E		C			E						
			a.3.		E		H		R								
		4.	H								H						
5.	E	C									6.		O			E	R
											7.	L					

✪ 雙線標示，表示單字字尾的最後一格。

Across

1. ________ I didn't feel well today, I still went to school.
2. "Thank you for your help." "You are ________."
3. I do not know ________ Susan has left home or not.
4. Is your brother taller ________ you?
5. Hazel wants to be a nurse ________ nurses can help many people.
6. Can I have ________ one? This one is too small.
7. Would you ________ close the door?

Down

a. ________ did you do last weekend?

b. Would you ________ me at 4? We can have some coffee together.

c. I like to read, and Josephine ________ likes to read.

d. “Do you know the answer?” “No, I don't. But ________ Andy knows the answer. Let's ask him.”

3 選擇題

1. Do you have ________ to tell me?
   (a) everything (b) nothing (c) anything (d) thing
2. I will be ready in ________ hour.
   (a) a (b) an (c) the (d) that
3. Have you ________ been to South America?
   (a) never (b) almost (c) must (d) ever
4. Frank’s English is good in ________ writing and speaking.
   (a) both (b) all (c) among (d) almost
5. ________ did you go to the train station? ____ foot.
   (a) What…By (b) How…By (c)When…On
   (d) How…On

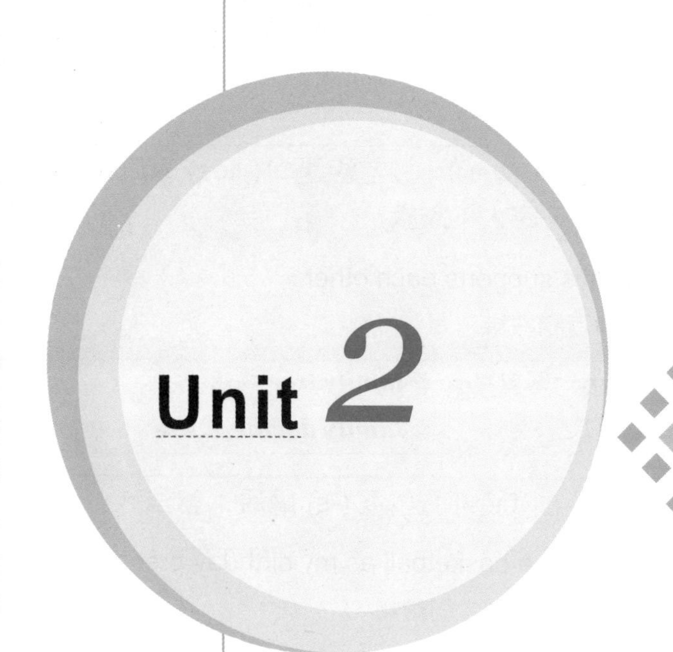

Family

家庭

Group 011

Disk 1

0093 □ **family** [ˋfæməlɪ] 名 可數 集合 (-lies) 家庭；家人；家族

1. My **family** always supports each other.
   我的家人總是會互相扶持。

❖ ***a family of four*** 一家四口 ❖ ***family tree*** 族譜
❖ ***family name*** 姓氏 ❖ ***family doctor*** 家庭醫師

0094 □ **father** [ˋfɑðɚ] 名 可數 (-s) 父親；爸爸

1. My **father** gave me a basketball as my birthday present.
   爸爸送了我一顆籃球當作生日禮物。

❖ 較親暱的口語稱呼：*(1)* ***dad*** 爸爸 *(2)* ***daddy*** 爹地
❖ ***father-like*** 形 慈愛的 副 像父親地
❖ ***father(s)-in-law*** 名 岳父；公公

0095 □ **mother** [ˋmʌðɚ] 名 可數 (-s) 母親；媽媽

1. My **mother** works as a cashier. 我媽媽是收銀員。

❖ 較親暱的口語稱呼：*(1)* ***mom*** 媽媽 *(2)* ***mommy*** 媽咪
❖ ***mother(s)-in-law*** 名 岳母；婆婆

0096 □ **son** [sʌn] 名 可數 (-s) 兒子

1. Karen is expecting a **son**. 凱倫懷了個兒子。
2. My **son** went to see a movie with his friend.
   我兒子和他的朋友去看電影。

- ❖ ***son(s)-in-law*** 名 女婿
- ❖ ***grandson*** [`grænd͵sʌn] 名 孫子；外孫

0097 □ daughter [`dɔtɚ] 名 可數 (-s) 女兒

1. Duncan has a girlfriend who is so young that she could be his **daughter**. 唐肯有個小到可以做他女兒的女朋友。
2. Where is your **daughter** Nancy? 你女兒南西在哪裡？

- ❖ ***daughter(s)-in-law*** 名 媳婦
- ❖ ***granddaughter*** [`grænd͵dɔtɚ] 名 孫女；外孫女
- ❖ ***daughterly*** [`dɔtɚlɪ] 形 女兒的；孝順的

0098 □ grandfather [`grænd͵fɑðɚ] 名 可數 (-s) 爺爺；外公；祖父；外祖父

1. Susan's **grandfather** likes to sit outside on a sunny day.
   蘇珊的爺爺好天氣時喜歡坐在外面。
2. His **grandfather** is a very kind old man.
   他的爺爺是個非常親切的老人。

- ❖ ***grandpa = granddad*** = *grandfather*（較親暱的口語稱呼）
- ❖ ***grandfatherly*** [`grænd͵fɑðɚlɪ] 形 老祖父（似）的；慈祥的

0099 □ grandmother [`grænd͵mʌðɚ] 名 可數 (-s) 奶奶；外婆；祖母；外祖母

1. My **grandmother** likes to drink tea after dinner.
   我的外婆喜歡在晚餐後喝茶。
2. My **grandmother** lives with us. 我的奶奶和我們住在一起。

❖ ***grandma*** = ***grannie*** = *grandmother*（口語稱呼）
❖ ***grandparent*** [ˋgrænd͵pɛrənt] ㊔ 祖父母
❖ ***grandmotherly*** [ˋgrænd͵mʌðəlɪ] ㊒ 老祖母似的；慈祥的

Group 012

Disk 1

12

0100 □ **baby** [ˋbebɪ] ㊔可數 (-bies) 嬰兒 ㊒ 嬰兒的；幼小的

1. The **baby**㊔ is so tiny that Annie is afraid to hold it.
   嬰兒這麼小，安妮都不敢去抱。
2. Allen has a **baby**㊒ face. 艾倫有張娃娃臉。

❖ 嬰兒的性別通常用 ***it*** 做代名詞。
❖ ***baby-sit*** [ˋbebɪ͵sɪt] ㊍ 當臨時保母
❖ ***babysitter*** [ˋbebɪ͵sɪtɚ] ㊔ 保母 ❖ ***baby fat*** 嬰兒肥

0101 □ **kid** [kɪd] ㊔可數 (-s) 小孩

1. Daisy likes to be with **kids**. 黛西很喜歡和小孩子在一起。

❖ ***kid brother*** 弟弟 ❖ ***kid sister*** 妹妹
❖ ***kid*** [kɪd] ㊍ 玩笑 ❖ ***You are kidding!*** 你在開玩笑吧！

0102 □ **child** [tʃaɪld] ㊔可數 (-ren) 兒童；小孩

1. Mathew is the only **child** in his family.
   馬修是他家裡的獨生子。

❖ ***childhood*** [ˋtʃaɪld͵hʊd] 名 幼年、兒童時期
❖ ***with child*** 懷孕　❖ ***from childhood*** 從幼年起

0103 □ parent [ˋpɛrənt] 名 可數 (-s) 父或母親

1. Lydia doesn't want her **parents** to know that she has a boyfriend. 莉蒂亞不想讓爸媽知道她交了男朋友。

❖ ***parental*** [pəˋrɛntḷ] 形 父母親的
❖ ***parentally*** [pəˋrɛntəlɪ] 副 做（像）父母親地
❖ ***parenthood*** [ˋpɛrənt͵hʊd] 名 父母親身分；雙親立場

0104 □ husband [ˋhʌzbənd] 名 可數 (-s) 丈夫；先生

1. What does your ideal **husband** look like?
你理想中的先生是怎樣的人？

❖ ***husbandly*** [ˋhʌzbəndlɪ] 形 丈夫的

0105 □ wife [waɪf] 名 可數 (-ives) 妻子；太太

1. My **wife** is a good cook. 我太太的手藝很棒。

❖ ***wifely*** [ˋwaɪflɪ] 形 妻子的；適於已婚婦女的
❖ ***housewife*** [ˋhaus͵waɪf] 名 家庭主婦

0106 □ brother [ˋbrʌðɚ] 名 可數 (-s) 兄弟

1. How many **brothers** do you have? 你有幾個兄弟？

❖ ***brother-in-law*** 名 小叔；大伯；先生、妻子的姊、妹夫
❖ ***brotherhood*** [ˋbrʌðɚ͵hʊd] 名 兄弟關係；手足之情
❖ ***older brother*** 哥哥　❖ ***younger brother*** 弟弟

0107 □ **sister** [ˋsɪstɚ] 名 可數 (-s) 姊妹

1. Two of my **sisters** work as secretaries.
   我有兩個姐妹都當秘書。

❖ ***sister-in-law*** 名 嫂嫂；弟媳；丈夫、妻子的嫂子、弟媳
❖ ***sisterhood*** [ˋsɪstɚhʊd] 名 姊妹情誼
❖ ***older sister*** 姐姐　❖ ***younger sister*** 妹妹

0108 □ **aunt** [ænt] 名 可數 (-s) 伯母；嬸嬸；姑姑；舅母；姨母

1. My **aunt** always tries to cook new dishes.
   我的姑姑老喜歡嘗試做新菜色。

❖ *aunt* 的暱稱：***auntie*** [ˋænti] 名

0109 □ **uncle** [ˋʌŋkl̩] 名 可數 (-s) 伯父；叔父；姨丈；舅父；姑父

1. Is that our **uncle**? He must have gained some weight.
   那是我們的姑丈嗎？他一定是變胖了。

❖ ***Uncle Sam***：因爲縮寫 *US* 和美國（*USA* 或 *US*）相同，所以用來泛指**美國政府**。

0110 □ **cousin** [ˋkʌzn̩] 名 可數 (-s) 堂（表）兄弟姊妹

1. My **cousin** will travel to Paris next month.
   我的表弟下個月會去巴黎旅行。
2. My **cousin** Jimmy studies very hard.
   我的表弟吉米非常用功。

❖ ***cousinhood*** [ˋkʌznhʊd] 名 堂（表）兄、弟、姊、妹關係
❖ ***cousinly*** [ˋkʌzənlɪ] 形 副 堂（表）兄、弟、姊、妹（般）地（的）

Group 013

Disk 1

13

0111 □ age [edʒ] 名 可數 不可 年紀；年齡

1. Kelly married when she was 20 years of **age**.
   凱莉在 20 **歲**的時候結婚。

❖ ***20 years of age = 20 years old*** 20 歲
❖ ***aged*** [ˋedʒɪd] 形 ……歲的；年老陳舊的
❖ ***age group*** 同年齡範圍的人 ❖ ***over age*** 超齡的
❖ ***come of age*** 到達法定年齡 ❖ ***under age*** 未成年

0112 □ born [bɔrn] 形 出生的；天生的

1. Linda was **born** to be a musician.
   琳達是個**天生的**音樂家。

0113 □ married [ˋmærɪd] 形 已婚的；婚姻的；夫婦的

1. Angela and Richard have been **married** for ten years.
   安琪拉和李察**結婚**已經十年了。

❖ ***marriage*** [ˋmærɪdʒ] 名 婚姻；結婚
❖ ***couple*** [ˋkʌpḷ] 名 夫婦；未婚夫妻

0114 □ care

[kɛr] 名 關心；照料 及物 關心；擔心 不及 對……介意

1. My mother took good **care** 名 of me when I was sick.
   我生病的時候，母親非常細心地照顧我。
2. Josh doesn't **care** 及 what other people think about him.
   喬許不在乎其他人怎麼想。
3. Jamie thought that Mark didn't **care** 不及 about her anymore. 潔美以為馬克不再關心她了。

> ❖ 動詞變化：***cared, cared, caring***
> ❖ ***take care of*** 照顧；處理　❖ ***in care of*** 由……轉交
> ❖ ***careful*** [kɛrfəl] 形 仔細的；小心的
> ❖ ***carefully*** [ˋkɛrfəlɪ] 副 小心謹慎地
> ❖ ***caring*** [ˋkɛrɪŋ] 形 ……有愛心的

0115 □ important

[ɪmˋpɔrtn̩t] 形 重要的；重大的

1. My family is the most **important** part in my life.
   家人對我來說是生命中最重要的一部分。

> ❖ 比較級：***more important, most important***
> ❖ ***importance*** [ɪmˋpɔrtn̩s] 名 重要（性）
> ❖ ***importantly*** [ɪmˋpɔrtn̩tlɪ] 副 重要地；要緊地

0116 □ wonderful

[ˋwʌndəfəl] 形 極好的；奇妙的

1. Danny gave a **wonderful** speech yesterday at the school. 丹尼昨天在校內發表了一篇精彩的演講。

❖ 比較級：***more wonderful*, *most wonderful***

❖ ***wonderfully*** [ˋwʌndɚfəlɪ] 副 精采地；極好地；奇妙地

0117 □ new [nju] 形 新的

1. My parents bought me a new dictionary.
   爸媽買了一本新字典給我。

❖ 比較級：***newer*, *newest***

❖ ***newly*** [ˋnjulɪ] 副 最近；新近

❖ ***new to*** 對……沒經驗、不熟悉；對……是陌生的

❖ ***new face*** 新面孔；新人物

練習題 Exercise 2

☞Ans. p.373

1 看圖填充：請填入正確的親屬稱謂。

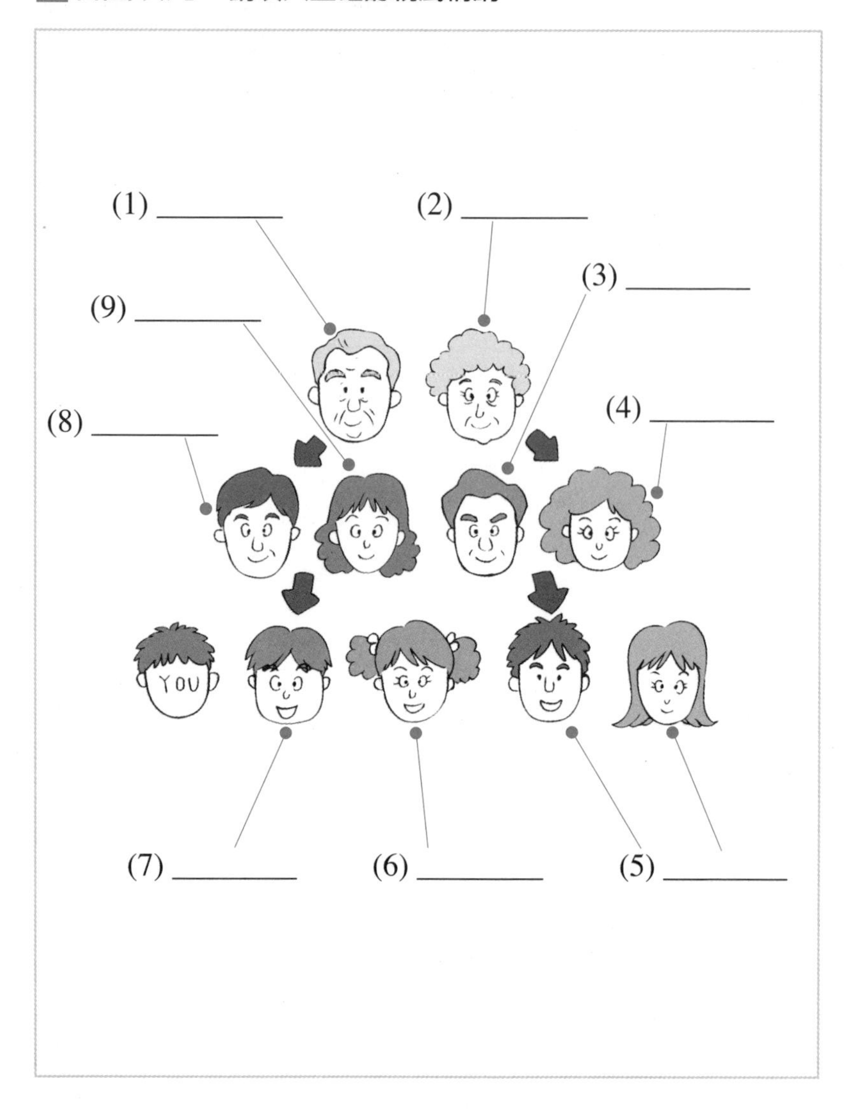

2 填字遊戲

			a.						b.								
			1.	M		O			A		T			c.			
	2.		S				D		3.			R		E			
4.	R				E	R		5.		F							
					6.	d.	R	E									
						E											

Across

1. Vocabulary is _______ when it comes to learning English. You can't learn a language without knowing its words.
2. Kevin would be my ideal ________, and I would like to marry him.
3. We got________ last week, and we are on our honeymoon now.
4. There are only two boys in my family, my________ and me.
5. Jason and his________ have been married for 20 years.
6. Shirley doesn't ________ what others think about her. She just does what she wants to do.

Down

a. Janet and her ________ look alike, but they are not twins.

b. I have a small________. We have four people: father, mother, my younger sister and me.

c. We need a ________TV because the old one is broken.

d. I can't tell the ________ of that lady. She dresses young but she looks old.

3 拼字組合

1. onrb b________
2. tanerp p________
3. dehcnlir c________
4. abyb ________
5. idk ________

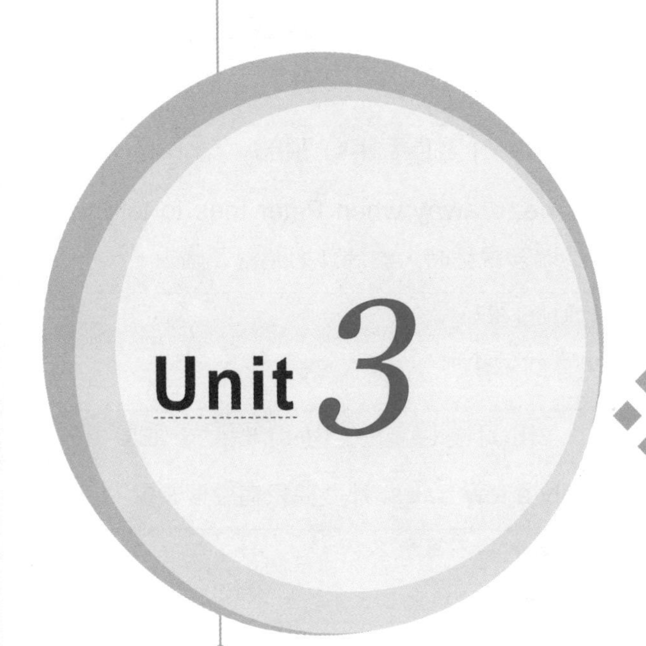

Body and Actions

身體與行動

Group 014

Disk 1

14

0118 □ **head** [hɛd] 名 可數 (-s) 頭部

1. Teresa turns her **head** away when Peter tries to talk to her. 彼得試著跟泰瑞莎說話時，泰瑞莎把**頭**轉了過去。

> ❖ ***headache*** [ˋhɛd͵ek] 名 頭痛
> ❖ ***have a head for*** 有……才能

0119 □ **hair** [hɛr] 名 可數 不可 (-s) 頭髮；毛髮

1. That baby has only a few **hairs**. 那嬰兒只有幾根**頭髮**。

> ❖ 總稱「頭髮」時，***hair*** 爲不可數名詞。
> ❖ ***haircut*** [ˋhɛr͵kʌt] 名 理髮；髮型

0120 □ **face** [fes] 名 可數 (-s) 臉

1. Is there anything on my **face**? 我**臉上**有什麼東西嗎？

> ❖ ***face*** [fes] 動 面向 ❖ 動詞三態：***faced, faced, facing***
> ❖ ***face to face*** 面對面地 ❖ ***to sb.'s face*** 當著某人的面

0121 □ **eye** [aɪ] 名 可數 (-s) 眼睛；眼神

1. Peggy has blue **eyes**. 佩姬有雙藍色的**眼睛**。

> ❖ ***keep an eye on...*** 注意；照看

0122 □ **ear** [ɪr] 名 可數 (-s) 耳朵

1. Judy's **ears** are smaller than mine.
茱蒂的**耳朵**比我的小。

❖ ***earlobe*** [ˋɪr͵lob] 名 耳垂 ❖ ***earache*** [ˋɪr͵ek] 名 耳朵痛

0123 □ **nose** [noz] 名 可數 (-s) 鼻子

1. Amanda wants to have a small **nose**.
   阿曼達希望有一個小鼻子。

❖ ***nose job*** 鼻子整形手術

0124 □ **mouth** [maʊθ] 名 可數 (-s) 嘴；口

1. The doctor asked me to open my **mouth**.
   醫生要我把嘴巴張開。

❖ ***mouthful*** [ˋmaʊθ͵fʊl] 名 滿口；一口；少量

0125 □ **lip** [lɪp] 名 可數 (-s) 嘴唇

1. Jeff kissed me on the **lips**. 傑夫吻了我的唇。

❖ ***lip balm*** 護唇膏 ❖ ***lipstick*** [ˋlɪp͵stɪk] 名 口紅
❖ ***lip language*** 唇語 ❖ ***lip reading*** 讀唇語

0126 □ **tooth** [tuθ] 名 可數 (teeth) 牙齒

1. Lydia has white **teeth**. 莉迪雅有一口潔白的牙齒。
2. My lower **lip** has a small cut. 我的下唇有一個小傷口。

❖ ***toothache*** [ˋtuθ͵ek] 名 牙痛
❖ ***toothbrush*** [ˋtuθ͵brʌʃ] 名 牙刷
❖ ***toothed*** [ˋtuθt] 有齒的；鋸齒狀的

Group 015

Disk 1

15

0127 □ **body** [ˋbɑdɪ] 名 可數 (-dies) 身體

1. My **body** hurts. 我覺得身上好痛。

- ❖ ***body language*** 肢體語言
- ❖ ***bodyguard*** [ˋbɑdɪˏgɑrd] 名 保鏢

0128 □ **neck** [nɛk] 名 可數 (-s) 頸；脖子

1. Chris hurt his **neck** in the accident.
   克里斯在意外中傷了脖子。

- ❖ ***necklace*** [ˋnɛklɪs] 名 項鍊
- ❖ ***necktie*** [ˋnɛkˏtaɪ] 名 領帶；領結
- ❖ ***neckerchief*** [ˋnɛkətʃɪf] 名 圍巾；頸巾

0129 □ **shoulder** [ˋʃoldə] 名 可數 (-s) 肩膀

1. A bird landed on his **shoulder**.
   一隻小鳥停在他的肩膀上。

- ❖ ***shoulder to shoulder*** 並肩地；同心協力地
- ❖ ***shoulder bag*** 有肩帶的女用手提包

0130 □ **arm** [ɑrm] 名 可數 (-s) 手臂

1. Let me hold the baby in my **arms**.
   讓我把小嬰兒抱在臂彎裡。

- ❖ ***arm in arm*** 臂挽著臂地　❖ ***armchair*** [ˋɑrmˏtʃɛr] 名 扶椅

0131 □ hand [hænd] 名 可數 (-s) 手

1. My **hands** sweat. 我的手流汗了。

❖ ***hand baggage*** 手提行李 ❖ ***hand in hand*** 手拉著手
❖ ***handkerchief*** [ˋhæŋkɚ͵tʃɪf] 名 手帕 ❖ ***hand in*** 提交

0132 □ finger [ˋfɪŋgɚ] 名 可數 (-s) 手指

1. Keep our **fingers** crossed. 讓我們握合十指祈禱。

❖ ***fingertip*** [ˋfɪŋgɚ͵tɪp] 名 指尖
❖ ***fingerprint*** [ˋfɪŋgɚ͵prɪnt] 名 指紋

0133 □ heart [hɑrt] 名 可數 (-s) 心臟；心腸

1. My grandfather has a weak **heart**. 我的爺爺心臟不好。
2. Angela has a very kind **heart**. 安琪拉的心地很善良。

❖ ***heartily*** [ˋhɑrtɪlɪ] 副 衷心地
❖ ***heartless*** [ˋhɑrtlɪs] 形 無情的
❖ ***heartbreak*** [ˋhɑrt͵brek] 名 心痛；悲傷
❖ ***by heart*** 背下來地；確實記得

0134 □ stomach [ˋstʌmək] 名 可數 (-s) 胃；肚子

1. I don't feel well in my **stomach**. 我的胃不太舒服。

❖ ***stomachache*** [ˋstʌmək͵ek] 名 胃痛
❖ ***stomach upset*** 腸胃不適；食物中毒
❖ ***on an empty stomach*** 空著肚子
❖ ***have no stomach for*** 對……沒有胃口；對……沒有興趣

0135 □ **leg** [lɛg] 名 可數 (-s) 腿；小腿；桌、椅等的腳

1. Gina feels pain in her **legs**. 吉娜覺得腿很痛。
2. The **legs** of that chair are broken. 那張椅子的腳斷了。

❖ ***legged*** [ˋlɛgd] 形 有腿的　❖ ***long-legged*** 腿長的

0136 □ **knee** [ni] 名 可數 (-s) 膝蓋

1. Robby fell down on his **knees**. 羅比膝蓋著地跌倒了。

❖ ***bend the knee to sb.*** 向某人下跪；屈服於某人

0137 □ **foot** [fʊt] 名 可數 (feet) 腳

1. Dana has big **feet**. 黛娜有雙大腳。
2. I go to my office on **foot**. 我走路去上班。

❖ ***football*** [ˋfʊt͵bɔl] 名 英式足球；美式橄欖球

❖ ***foot and mouth disease*** （偶蹄動物患的）口蹄疫

Group 016

Disk 1

0138 □ **nod** [nɑd] 及物 點頭；點頭表示 不及 點頭

1. Louis keeps **nodding**[及] his head when I am talking.
   我說話的時候，路易斯一直點頭。
2. I **nodded**[不及] to Professor Wang and said hi to him.
   我向王教授點點頭，並打了聲招呼。

❖ 動詞三態：***nodded, nodded, nodding*** ❖ ***nod off*** 打盹

0139 □ **see** [si] 及物 不及 看見；看到

1. Did you **see**[及] that? 你看見那個了嗎？
2. Can you **see**[不及] without your contact lenses?
   你不戴隱形眼鏡看得到嗎？

❖ 動詞三態：***saw, seen, seeing***
❖ ***see off*** 爲……送行 ❖ ***see for oneself*** 自己去看
❖ ***seeing that*** 鑒於 ❖ ***see through*** 幫助……度過（困難）

0140 □ **look** [lʊk] 不及 看；看起來 名 (-s) 看；表情

1. You don't **look**[不及] very well. Are you all right?
   你看起來不太對勁，你還好嗎？
2. Don't give me that **look**[名]. 別用那種表情看我。

❖ 動詞三態：***looked, looked, looking***
❖ ***look after*** 照顧 ❖ ***look at*** 看
❖ ***look forward to*** 期待；盼望 ❖ ***look for*** 尋找
❖ ***look into*** 深入調查；研究 ❖ ***look up*** 查閱

0141 □ **hear** [hɪr] 及物 不及 聽；聽見

1. Did you **hear**[及] me? 你聽得到我說話嗎？
2. I can't **hear**[不及] very well. It's too noisy here.
   我聽不太清楚，這裡太吵了。

❖ 動詞三態：***heard, heard, hearing***
❖ ***hearing*** [ˋhɪrɪŋ] 名 聽力；聽覺 ❖ ***hearing aid*** 助聽器
❖ ***hear from*** 收到……的信（消息） ❖ ***hear of*** 聽說

0142 □ listen [ˋlɪsn̩] 不及 聽

1. Listen, you can make your own decision.
   聽著，你可以自己做決定。
2. Are you listening? 你有在聽嗎？

> ❖ 動詞三態：***listened, listened, listening***
> ❖ ***listen to*** 聽從；聽

0143 □ smell [smɛl] 及物 不及 聞到；聞起來

1. Do you smell[及] that? 你聞到了嗎？
2. The flowers smell[不及] so good. 這些花聞起來真香。

> ❖ 動詞三態：***smelled/smelt, smelled/smelt, smelling***
> ❖ ***smelly*** [ˋsmɛlɪ] 形 有難聞氣味的；臭的

0144 □ say [se] 及物 不及 說；講

1. How do you say[及] this in English? 這個字的英文怎麼說？
2. It is not the time for me to say[代].
   這不是我發表意見的時候。

> ❖ 動詞三態：***said, said, saying***
> ❖ ***saying*** [ˋseɪŋ] 名 說話；格言 ❖ ***that is to say*** 那就是說

0145 □ speak [spik] 及物 不及 講話；談話

1. Tim speaks[及] Chinese very well.
   提姆的中文說得非常好。
2. Do you want to speak[不及] to me? 你想和我談談嗎？

❖ 動詞三態：***spoke, spoken, speaking***

❖ ***generally speaking*** 一般說來

❖ ***speaker*** [ˋspikɚ] ㊔ 演講者　❖ ***speak of*** 談到；論及

0146 □ talk [tɔk] ㊔可數 (-s) 談話；交談 不及 講話；談論

1. I just had a **talk**[名] with my boss. 我剛和老闆談過話。
2. It's really nice **talking**[不及] to you. 很高興跟你聊天。

❖ 動詞三態：***talked, talked, talking***

❖ ***talkative*** [ˋtɔkətɪv] ㊒ 愛說話的；健談的

❖ ***talkatively*** [ˋtɔkətɪvlɪ] ㊖ 愛說話地

❖ ***talk about/of*** 談到　❖ ***talk to sb.*** 與某人談

0147 □ tell [tɛl] 及物 告訴；說

1. Would you please **tell** me what happened?
   請你告訴我發生了什麼事，好嗎？

❖ 動詞三態：***told, told, telling***

❖ ***You can never tell.*** 你永遠也說不準；誰也不知道

❖ ***tell a lie*** 說謊話　❖ ***tell the truth*** 說實話

0148 □ touch [tʌtʃ] 及物 觸摸；碰到

1. Please do not **touch** the painting. 請不要碰觸畫作。

❖ 動詞三態：***touched, touched, touching***

❖ ***touching*** [ˋtʌtʃɪŋ] ㊒ 令人感動的；感人的

❖ ***touched*** [tʌtʃt] ㊒ 受感動的

❖ ***keep in touch with*** 與……保持聯絡

❖ ***be out of touch with*** 與……失去聯絡

0149 □ walk [wɔk] ㊔可數 (-s) 走；步行 及物 不及 走路

1. Do you want to take a **walk**(名) with me?
   你想跟我去散步嗎？
2. Would you **walk**(及) me home? 可以陪我走回家嗎？
3. George **walked**(不及) by me without saying hi.
   喬治走過我身邊，卻沒有跟我打招呼。

❖ 動詞三態：***walked, walked, walking***

0150 □ sit [sɪt] 不及 坐；就座

1. Please **sit** down. 請坐下。

❖ 動詞三態：***sat, sat, sitting***	❖ ***sit down*** 坐下
❖ ***sit back*** 休息	❖ ***sit up*** 熬夜

Group 017

Disk 1 17

0151 □ think [θɪŋk] 及物 不及 想；思索

1. I **think**(及) they will go with us. 我想他們會跟我們一起去。
2. Let me **think**(不及) about it. 讓我想想。

❖ 動詞變化：***thought, thought, thinking***	
❖ ***think about*** 考慮	❖ ***think of*** 想到；考慮

0152 □ **blind** [blaɪnd] 形 瞎的；盲的

1. The dog is **blind** in one eye. 那隻狗有一個眼睛是瞎的。

❖ ***blind date*** 他人代爲安排的男女初次會面
❖ ***blindly*** [ˋblaɪndlɪ] 副 盲目地；摸索地 ❖ ***the blind*** 盲人

0153 □ **smile** [smaɪl] 名 可數 (-s) 微笑；笑容
不及 微笑；露出（笑容）

1. Sylvia gave me a warm **smile**[名].
席維雅給了我一個溫暖的笑容。
2. Helen **smiles**[不及] at me. 海倫對我微笑。

❖ 動詞變化：***smiled, smiled, smiling***
❖ ***smiley*** [ˋsmaɪlɪŋ] 形 微笑的；興高采烈的
❖ ***smilingly*** [ˋsmaɪlɪŋlɪ] 副 微笑地 ❖ ***all smiles*** 滿面笑容

0154 □ **laugh** [læf] 不及 笑；嘲笑

1. Are you **laughing** at me? 你在笑我嗎？

❖ 動詞變化：***laughed, laughed, laughing***
❖ ***laugh at*** 嘲笑 ❖ ***laugh in sb.'s face*** 當面嘲笑某人

0155 □ **hold** [hold] 及物 握住；抓住；舉行

1. Little Johnny **holds** his bear tight.
小強尼緊緊抱著他的小熊。

❖ 動詞變化：***held, held, holding***
❖ ***hold on*** 繼續；堅持；不掛斷電話
❖ ***hold together*** 連接在一起；團結一致

0156 □ **pick** [pɪk] 及物 挑選；選擇

1. You can **pick** one color you like.
   你可以選一個你喜歡的顏色。

❖ 動詞變化：***picked, picked, picking***
❖ ***pick up*** 拾起；收拾 ❖ ***picky*** [ˋpɪkɪ] 形 挑剔的

0157 □ **point** [pɔɪnt] 名 可數 (-s) 要點；不及 指出

1. I don't get the **point**名. 我不懂你這番話的重點是什麼。
2. Laura **pointed**不及 at the cup that she wanted.
   蘿拉指著那個她想要的杯子。

❖ 動詞變化：***pointed, pointed, pointing***
❖ ***come/get to the point*** 談到要點；直截了當地說
❖ ***point out*** 指出 ❖ ***to the point*** 中肯；扼要

0158 □ **brush** [brʌʃ] 及物 刷牙

1. Don't forget to **brush** your teeth before you go to bed.
   上床睡覺前，別忘了要刷牙。

❖ 動詞變化：***brushed, brushed, brushing***

0159 □ **voice** [vɔɪs] 名 可數 不可 (-s) 聲音；嗓子

1. Mandy has a beautiful **voice**. 曼蒂有副美妙的嗓音。

❖ ***with one voice*** 異口同聲地；一致地
❖ ***voiced*** [ˋvɔɪst] 形 有聲音的
❖ ***voiceful*** [ˋvɔɪsfəl] 形 有聲的；聲音嘈雜的
❖ ***voiceless*** [ˋvɔɪslɪs] 形 無聲的；無言的

0160 □ **sound** [saʊnd] 名 可數 不可 聲音；聲響
不及 聽起來

1. Did you hear that **sound** 名? 你有沒有聽到那個聲音？
2. The idea **sounds** 不及 great. 這點子聽起來很棒。

❖ ***sound track*** 電影原聲帶
❖ ***soundless*** [ˋsaʊndlɪs] 形 無聲的
❖ ***soundlessly*** [ˋsaʊndlɪslɪ] 副 無聲地；靜悄悄地

練習題 Exercise 3

☞Ans. p.374

1 看圖填充：請填上正確的器官名稱。

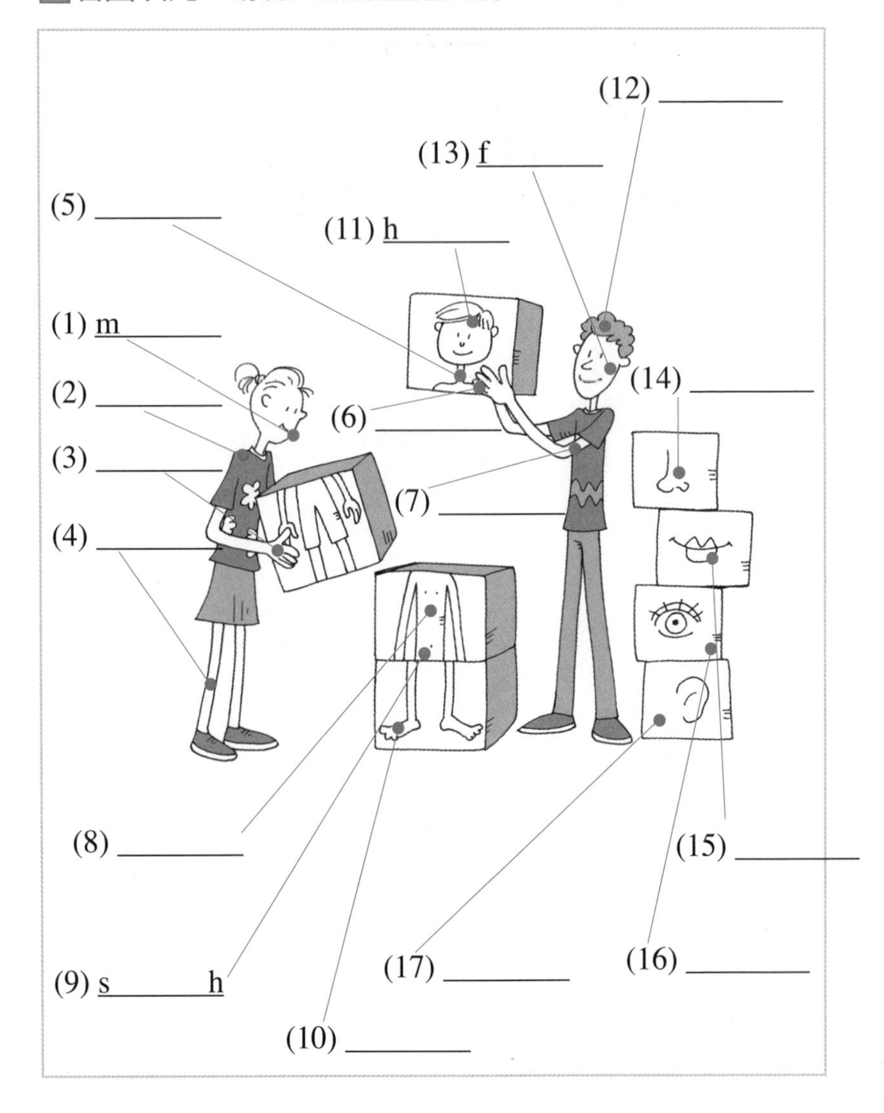

2 填字遊戲

					c.								
	a.			1.				T					
			b.2	M	I	d.					f.		
	U					I					O		
3.		E	E			4.			U	e.		E	
						E				U			
									5.			N	

Across

1. The hunter ________ the gun at the deer.
2. Our teacher is a very serious man. We never see him ________.
3. My ________ hurts, and I can't stand up.
4. You can cry on my ________.
5. "Do you want to go to Enrope with me this summer?"
   "Let me ________ about it."

Down

a. You didn't ________ very happy on the phone. What happened?

b. On the street a forigner asked me, "Do you ________ English?"

c. Johnny's ________ is like a girl's. I always think it is his sister when he answers the phone.

d. Do you ________ to music often?

e. Peter's funny jokes often make us ________.

f. I ________ my head to Eddie to answer his question.

3 選擇題

1. What did you ________? I didn't ________ you.
   (a) speak…listen (b) tell…listen to (c) speak…hear
   (d) say…hear
2. Can you ________ anything?
   (a) look (b) see (c) listen (d) laugh
3. I love to ________ music. How about you?
   (a) hear (b) listen (c) hear to (d) listen to
4. We are ________ about what happened yesterday.
   (a) talking (b) telling (c) saying (d) speaking
5. Do not ________ Mom about what I said.
   (a) say (b) tell (c) told (d) talk

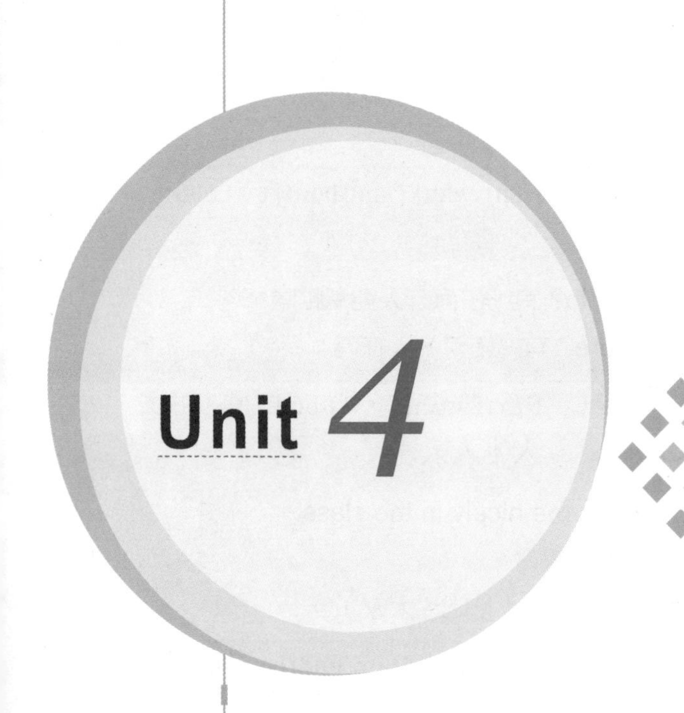

Unit 4

People and Descriptions

人物與描述

Group 018

Disk 1 18

0161 □ **anyone, anybody** [ˋɛnɪˏwʌn] [ˋɛnɪˏbadɪ] 代 任何人；誰

1. Can **anyone** help? 有（任何）人能幫忙嗎？
2. Is **anybody** here? 有（任何）人在嗎？

0162 □ **everyone, everybody** [ˋɛvrɪˏwʌn] [ˋɛvrɪˏbadɪ] 代 每個人；人人

1. **Everyone** treats me nicely in the class.
   班上每個人都對我很好。
2. Come on, **everybody**! 來吧，大家！

0163 □ **someone, somebody** [ˋsʌmˏwʌn] [ˋsʌmˏbadɪ] 代 某人；有人

1. **Someone** has found your wallet. 有人找到了你的錢包。
2. Can **somebody** answer the phone?
   有沒有人可以接電話？

0164 □ **nobody** [ˋnoˏbadɪ] 代 無人；沒有人

1. **Nobody** came to help when the old lady fell down.
   老太太跌倒時，沒有一個人來幫忙。

Group 019

Disk 1 19

0165 □ **boy** [bɔɪ] 名 可數 (-s) 男孩；少年

1. You are not a **boy** anymore. Be a man!
   你不是小男孩了，像個男人吧！

❖ ***boyfriend*** [ˋbɔɪˏfrɛnd] 名 男朋友

0166 □ **girl** [gɝl] 名 可數 (-s) 女孩；女生

1. **Girls**, please take out your ballet shoes.
   女孩們，請拿出你們的芭蕾舞鞋。

❖ ***girlfriend*** [ˋgɝlˏfrɛnd] 名 女朋友

0167 □ **man** [mæn] 名 可數 (不可) (men) 人；男人；老兄

1. Are you the **man** who wants to rent the house?
   你是那個想租房子的人嗎？
2. Hey, **man**. That is too much. 嘿，老兄，那太過分了。

❖ ***man of his word*** 守信用的人

❖ ***man of taste*** 有鑑賞力的人

0168 □ **woman** [ˋwʊmən] 名 可數 (women) 女人；女性

1. Most **women** I know like to eat chocolates.
   大部分我認識的女人都喜歡吃巧克力。

❖ ***womanly*** [ˋwʊmənlɪ] 名 像婦女的；適合婦女的

❖ ***womanlike*** [ˋwʊmənˏlaɪk] 名 似女子的

0169 □ **Miss** [mɪs] 名 小姐（對未婚女性的稱呼）

1. Are you **Miss** Chang? Please come in.
   你是張小姐嗎？請進。

0170 □ **Mr.** [ˋmɪstɚ] 名 先生

1. Do you know **Mr.** Norris? 你認識諾里斯先生嗎？

0171 □ **Mrs.** [ˋmɪsɪz] 名 女士；太太（對已婚女性的稱呼）

1. **Mrs.** Lin invited us to dinner tonight.
   林太太邀請我們今晚一塊用餐。

0172 □ **Ms.** [mɪz] 名 女士（不特指或不知道婚姻狀況時）

1. Is this **Ms.** Tyler's office? 這是泰勒女士的辦公室嗎？

0173 □ **sir** [sɝ] 名 先生；閣下

1. May I take your order, **sir**? 先生，準備好點餐了嗎？

0174 □ **dear** [dɪr] 名 可數 (-s) 親愛的人 形 親愛的

1. How was your day, my **dear**[名]? 親愛的，你今天好嗎？
2. I write to my **dearest**[形] friend very often.
   我經常寫信給我最親愛的朋友。

> ❖ 形容詞變化：***dearer*, *dearest***
>
> ❖ ***dearly*** [ˋdɪrlɪ] 副 充滿深情的 ❖ ***dearness*** [ˋdɪrnɪs] 名 親愛

0175 □ **name** [nem] 名 可數 (-s) 名字 及物 給……命名

1. Hi, my **name**[名] is Lisa. Nice to meet you.
   嗨，我的名字叫莉莎，很高興見到你。

2. The name㊔ of this park is Victoria Park.

這個公園的名字是維多利亞公園。

3. Annie would like to name㊊ her newborn baby Teresa.

安妮想要為她的新生嬰兒取名為泰瑞莎。

- ❖ ***nickname*** [ˋnɪk͵nem] ㊔ 綽號；暱稱
- ❖ ***named after*** 根據……而命名
- ❖ ***in the name of*** 以……的名義

Group 020

Disk 1

0176 □ stranger [ˋstrendʒɚ] ㊔可數 (-s) 陌生人

1. Do not let a stranger in when we are not home, dear.

親愛的，我們不在家時，別讓陌生人進來。

- ❖ ***be a stranger to*** 對……一無所知

0177 □ teenager [ˋtin͵edʒɚ] ㊔可數 (-s) 十幾歲的青少年

1. Many teenagers like to play computer games.

很多十幾歲的青少年都喜歡玩電腦遊戲。

- ❖ ***teens*** [tinz] ㊔ *13* 到 *19* 歲

0178 □ classmate [ˋklæs͵met] ㊔可數 (-s) 同班同學

1. Most of Jason's classmates are girls.

傑森班上的同學大部分都是女生。

❖ ***mate*** [met] 名 同伴

0179 □ friend [frɛnd] 名 可數 (-s) 朋友

1. Ross likes to make **friends** with people.
   羅斯喜歡交朋友。

❖ ***friendship*** [ˋfrɛndʃɪp] 名 友誼 ❖ ***make friends*** 交朋友

❖ ***A friend in need is a friend indeed.*** 患難見真情。

0180 □ foreigner [ˋfɔrɪnɚ] 名 可數 (-s) 外國人

1. Peter hopes to find a **foreigner** to be his English tutor.
   彼得想要找個外國人當他的英語家教。

❖ ***foreign*** [ˋfɔrɪn] 形 外國的；外來的

❖ ***foreign-born*** [ˋfɔrɪnˏbɔrn] 形 生於國外的

0181 □ person [ˋpɝsn̩] 名 可數 (-s) 人

1. Is this the **person** you saw last night?
   這是你昨晚看到的人嗎？

❖ ***personal*** [ˋpɝsn̩l̩] 形 個人的；親自的

❖ ***personally*** [ˋpɝsn̩l̩ɪ] 副 就個人而言；親自

❖ ***personality*** [ˏpɝsn̩ˋælətɪ] 名 個性；人格

❖ ***in person*** 親自

0182 □ people [ˋpipl̩] 名 人們

1. How many **people** want to go camping?
   有多少人想要去露營？
2. Do not trust **people** who speak beautiful words.
   不要相信滿嘴花言巧語的人。

0183 □ **American** [ə`mɛrɪkən] 名 可數 (-s) 美國人 形 美國的

1. Many teachers in my school are **Americans**名.
   學校裡有許多老師是美國人。
2. **American**形 food is too oily for Sara.
   美式食物對莎拉來說太油膩了。

❖ ***American dream*** 美國夢（指追求自由、富庶與機會均等）；美國人的社會理想、生活方式

0184 □ **Chinese** [tʃaɪ`niz] 名（單複同）中國人；中文 形 中國（人）的

1. Jessica is proud of being a **Chinese**名.
   潔西卡對身為中國人感到驕傲。
2. Can Henry speak both **Chinese**名 and English?
   亨利中文和英文都會說嗎？
3. Mother asks Gina to take **Chinese**形 herbal medicine every day. 媽媽要吉娜每天吃中藥。

Unit 4 人物與描述 Group 021

Group 021

Disk 1

0185 □ **beautiful** [`bjutəfəl] 形 美麗的；漂亮的

1. It is such a **beautiful** glass. 這真是個美麗的玻璃杯。

❖ 形容詞變化：***more beautiful, most beautiful***
❖ ***beautifully*** [ˋbjutəfəlɪ] 副 美麗地
❖ ***beauty*** [ˋbjutɪ] 名 美；美人

0186 □ **pretty** [ˋprɪtɪ] 形 漂亮的；可愛的 副 相當；很

1. Lucy is a **pretty**形 little girl. 露西是個漂亮的小女孩。
2. The result is **pretty**副 good. Well done.
結果相當不錯，做得好。

❖ 形容詞變化：***prettier, prettiest***

0187 □ **cute** [kjut] 形 可愛的；漂亮的

1. What a **cute** little baby! 多可愛的小嬰兒啊！

❖ 形容詞變化：***cuter, cutest***
❖ ***cutely*** [ˋkjutlɪ] 副 可愛地；精明的
❖ ***cuteness*** [ˋkjutnɪs] 名 漂亮；可愛

0188 □ **handsome** [ˋhænsəm] 形 英俊的

1. Vicky's ideal boyfriend must be **handsome**.
維琪理想中的男朋友一定要長得帥。

❖ 形容詞變化：***more handsome, most handsome***

0189 □ **old** [old] 形……歲（的）；老舊的

1. Johnny is going to be ten years **old** this June.
強尼今年六月就要滿十歲了。
2. Judy likes to collect **old** coins. 茱蒂喜歡收集舊錢幣。

❖ 形容詞變化：***older, oldest***
❖ ***old-aged*** [old`edʒɪd] 形 老年的
❖ ***old-fashioned*** [old`fæʃənd] 形 過時的；舊式的

0190 □ **young** [jʌŋ] 形 年輕的

1. Doing exercise makes Nina look **young**.
運動使妮娜看起來很年輕。

❖ 形容詞變化：***younger, youngest***
❖ ***young man*** 青年
❖ ***young lady*** 小姐；女士
❖ ***younger*** [`jʌŋgɚ] 名 較年少者

0191 □ **strong** [strɔŋ] 形 強壯的

1. Jeffrey is very **strong**. 傑佛瑞很強壯。

❖ 形容詞變化：***stronger, strongest***
❖ ***strongly*** [strɔŋlɪ] 副 強壯地

0192 □ **tall** [tɔl] 形 高大的；身材高的

1. Tom works in that **tall** building. 湯姆在那棟高樓裡上班。
2. How **tall** are you? 你有多高？

❖ 形容詞變化：***taller, tallest***
❖ ***tallness*** [`tɔlnɪs] 名 高大

0193 □ **short** [ʃɔrt] 形 短的；矮的

1. Although he is **short**, his voice is louder than anybody else. 雖然他個頭小，聲音卻比誰都大。

❖ 形容詞變化：***shorter, shortest***
❖ ***short of*** 缺少；不足
❖ ***run short of*** 快用盡
❖ ***in short*** 總之

0194 □ **thin** [θɪn] 形 瘦的

1. You are too **thin**. 你太瘦了。

> ❖ 形容詞變化：***thinner*, *thinnest***

0195 □ **fat** [fæt] 形 肥胖的 名 不可 油脂

1. Although Ben looks **fat**形, he can move pretty fast.
   班看起來雖然很胖，動作卻很敏捷。
2. Sabrina tries to eat food with less **fat**名 to keep fit.
   莎賓娜試著吃油脂較少的食物來保持苗條。

> ❖ 形容詞變化：***fatter*, *fattest***
>
> ❖ ***fatty*** [ˋfætɪ] 形 肥胖的；脂肪的

0196 □ **heavy** [ˋhɛvɪ] 形 重的；沉重有力的

1. Would you please help me with this **heavy** bag?
   可以請你幫我提這個沉重的袋子嗎？

> ❖ 形容詞變化：***heavier*, *heaviest***

0197 □ **healthy** [ˋhɛlθɪ] 形 健康的；有益於健康的

1. Eating well can keep us **healthy**.
   良好的飲食習慣有助於維持身體健康。

> ❖ 形容詞變化：***healthier*, *healthiest***
>
> ❖ ***health*** [hɛlθ] 名 健康

Group 022

Disk 1

22

0198 □ friendly [ˋfrɛndlɪ] 形 友善的；親切的

1. People in this town are very **friendly**.
   這個小鎮的居民都很友善。

❖ 形容詞變化：***friendlier, friendliest***
❖ ***user-friendly*** 容易使用的；（電腦）易懂的

0199 □ nice [naɪs] 形 好的；好心的；友好的

1. How **nice** of you! 你真好心！

❖ 形容詞變化：***nicer, nicest***
❖ ***niceness*** [ˋnaɪsnɪs] 名 美好；舒適
❖ ***nicely*** [ˋnaɪslɪ] 副 漂亮地；令人愉快地

0200 □ kind [kaɪnd] 形 親切的；和藹的 名 可數 (-s) 種類

1. Mr. Smith is very **kind**形 to me. 史密斯先生對我很親切。
2. What **kinds**名 of books do you like? 你喜歡什麼種類的書？

❖ 形容詞變化：***kinder, kindest*** ❖ ***kind of*** 有點
❖ ***a kind of*** ……的一種 ❖ ***of a kind*** 同一類的

0201 □ boring [ˋborɪŋ] 形 無聊乏味的；無趣的

1. The movie was so **boring** that Linda fell asleep.
   那部電影太無聊了，琳達看得都睡著了。
2. Danny is **boring**. 丹尼很無趣。

❖ 形容詞變化：***more boring, most boring***

❖ ***bore*** [bor] 動 使厭煩　　❖ ***bored*** [ˋbord] 形 感到厭煩的

❖ ***boresome*** [ˋborsəm] 形 令人厭煩的

0202 □ **polite** [pəˋlaɪt] 形 有禮貌的；客氣的

1. Emily is a **polite** girl, and everybody likes her.
   艾蜜麗是個有禮貌的女孩，每個人都喜歡她。

❖ 形容詞變化：***politer/more polite, politest/most polite***

❖ ***politeness*** [pəˋlaɪtnɪs] 名 有禮貌

❖ ***politely*** [pəˋlaɪtlɪ] 副 有禮貌地；客氣地

0203 □ **funny** [ˋfʌnɪ] 形 滑稽的；有趣的

1. Little Bob made a **funny** face.
   小鮑伯做了一個滑稽的鬼臉。
2. Helen told us a **funny** story.
   海倫說了一個有趣的故事給我們聽。

❖ 形容詞變化：***funnier, funniest***

❖ ***fun*** [fʌn] 名 有趣的人或事；樂趣

0204 □ **quiet** [ˋkwaɪət] 形 安靜的 及物 使……安靜

1. Please be **quiet**(形). The baby is sleeping.
   請保持安靜，小嬰兒在睡覺呢。
2. Yvonne tries to **quiet**(及物) her children down so that she can read **quietly**.
   伊芳想使她的孩子們安靜下來，好能安靜地讀書。

❖ 形容詞變化：***quieter, quietest***

❖ 動詞變化：***quieted, quieted, quieting***

❖ ***quietly*** [ˋkwaɪətlɪ] 名 安靜地

❖ ***quietness*** [ˋkwaɪətnɪs] 名 安靜

0205 □ **shy** [ʃaɪ] 形 害羞的；羞怯的

1. Don't be **shy**! Come join us. 別害羞！來加入我們吧。

❖ 形容詞變化：***shyer/shier, shyest/shiest***

❖ ***shyness*** [ˋʃaɪnɪs] 名 害臊；羞怯；膽怯

0206 □ **honest** [ˋɑnɪst] 形 誠實的；正直的

1. Bill said he didn't steal the money, but he wasn't **honest**. 比爾說他沒有偷錢，但是他不誠實。

❖ 形容詞變化：***more honest, most honest***

❖ ***honesty*** [ˋɑnɪstɪ] 名 誠實；真誠

❖ ***dishonesty*** [dɪsˋɑnɪstɪ] 名 不誠實；不正直

0207 □ **careful** [ˋkɛrfəl] 形 小心的；謹慎的

1. You should be more **careful**. 你應該要更小心一點。

❖ 形容詞變化：***more careful, most careful***

❖ ***carefully*** [ˋkɛrfəlɪ] 副 小心地；仔細地

❖ ***carefulness*** [ˋkɛrfəlnɪs] 名 小心；謹慎

0208 □ **hard-working** [hard `wɝkɪŋ] 形 勤勉的

1. Jimmy is **hard-working**, and he has good grades in all subjects. 吉米很用功，所以他每一科都拿高分。

0209 □ **crazy** [`krezɪ] 形 瘋狂的；瘋的；熱衷的；狂熱的

1. Amy always has **crazy** ideas. 艾美總是有瘋狂的點子。

❖ 形容詞變化：***crazier, craziest***
❖ ***craziness*** [`krezɪ] 名 瘋狂
❖ ***crazily*** [`krezɪlɪ] 副 發狂地；狂熱地

0210 □ **lazy** [`lezɪ] 形 懶惰的；懶散的

1. Don't be so **lazy**! Get up and do something.
別這麼懶！起來做點事吧。

❖ 形容詞變化：***lazier, laziest***
❖ ***lazily*** [`lezɪlɪ] 副 怠惰地；懶散地
❖ ***laziness*** [`lezɪnɪs] 名 怠惰；懶散 ❖ ***lazybones*** 懶骨頭

0211 □ **serious** [`sɪrɪəs] 形 認真的；嚴肅的

1. Kevin is very **serious** about his work.
凱文對工作很認真。

❖ 形容詞變化：***more serious, most serious***
❖ ***seriously*** [`sɪrɪəslɪ] 副 嚴肅地；認真地
❖ ***seriousness*** [`sɪrɪəsnɪs] 名 嚴肅；認真

0212 □ **wise** [waɪz] 形 有智慧的；明智的

1. Our **wise** old professor is telling us his story.
   有智慧的老教授正在跟我們說他的故事。

❖ 形容詞變化：***wiser, wisest*** ❖ ***wisely*** [ˋwaɪzlɪ] 副 明智地

0213 □ **smart** [smɑrt] 形 精明的；瀟灑的

1. Tracy is a very **smart** girl. 崔西是個很聰明的女孩。

❖ 形容詞變化：***smarter, smartest***

❖ ***smartly*** [ˋsmɑrtlɪ] 副 機敏地；整齊漂亮地

0214 □ **stupid** [ˋstjupɪd] 形 笨的；愚蠢的

1. I would feel **stupid** to do such a thing.
   我覺得做這種事很愚蠢。

❖ 形容詞變化：***more stupid, most stupid***

❖ ***stupidity*** [stjuˋpɪdətɪ] 名 愚蠢；蠢事

Group 023

Disk 1

23

0215 □ **good** [gʊd] 形 好的；漂亮的

1. It is **good** to see you. 見到你真好。
2. You look **good** in that dress. 你穿那件洋裝很好看。

❖ 形容詞變化：***better, best***
❖ ***for good*** 永久地
❖ ***good at*** 善於
❖ ***good-looking*** 好看的

0216 □ **bad** [bæd] 形 不好的；壞的

1. The weather is very **bad** today 今天天氣很差。

❖ 形容詞變化：***worse, worst***
❖ ***badly*** [ˋbædlɪ] 副 不好地
❖ ***feel bad about*** 感到抱歉

0217 □ **strange** [strendʒ] 形 奇怪的

1. It is **strange** that Stanley doesn't want to go with us.
   史丹利不想跟我們去還真是奇怪。

❖ 形容詞變化：***stranger, strangest***
❖ ***strangely*** [ˋstrendʒlɪ] 副 怪異地
❖ ***strangeness*** [ˋstrendʒnɪs] 名 奇異；不可思議

0218 □ **popular** [ˋpɑpjələ˞] 形 普遍的；受歡迎的

1. It is **popular** to have computers in the household.
   家裡有電腦是很普遍的事。
2. Jessica is very **popular** in the school.
   潔西卡在學校裡很受歡迎。

❖ 形容詞變化：***more popular, most popular***
❖ ***popularity*** [ˏpɑpjəˋlærətɪ] 名 普及；流行
❖ ***popularly*** [ˋpɑpjələlɪ] 副 大眾化地；普遍地

0219 □ **successful** [səkˋsɛsfəl] 形 成功的；有成就的

1. If you want to be **successful**, you have to work harder.
   如果你想成功，就得更努力。

- ❖ 形容詞變化：***more successful, most successful***
- ❖ ***success*** [səkˋsɛs] 名 成功
- ❖ ***successfully*** [səkˋsɛsfəlɪ] 副 成功地

0220 □ **rich** [rɪtʃ] 形 富有的；有錢的

1. Shirley always wants to marry a **rich** man.
   雪莉總是想嫁有錢人。

- ❖ 形容詞變化：***richer, richest*** ❖ ***richness*** [ˋrɪtʃnɪs] 名 豐富
- ❖ ***richly*** [ˋrɪtʃlɪ] 副 豐富地；富裕地

0221 □ **poor** [pʊr] 形 貧困的；可憐的

1. Louis works hard for his **poor** family.
   路易斯為了貧困的家而努力工作。
2. Susan gave some coins to that **poor** man.
   蘇珊給了那可憐人一些硬幣。

- ❖ 形容詞變化：***poorer, poorest***
- ❖ ***poorly*** [ˋpurlɪ] 副 貧窮地；不足地
- ❖ ***poorness*** [ˋpurnɪs] 名 貧乏；不足 ❖ ***the poor*** 窮人

0222 □ **busy** [ˋbɪzɪ] 形 忙碌的；繁忙的

1. Will you be **busy** tomorrow night? 你明天晚上忙嗎？

❖ 形容詞變化：***busier, busiest***

❖ ***busily*** [`bɪzɪlɪ] 副 忙碌地　❖ ***busyness*** [`bɪzɪnɪs] 名 忙碌

0223 □ able [`ebḷ] 形 能夠的

1. Jason is not able to come tonight. 傑森今晚不能來。

❖ 形容詞變化：***abler, ablest***

❖ ***ably*** [`eblɪ] 副 能幹地；出色地　❖ ***be able to*** 能夠

0224 □ famous [`feməs] 形 著名的；有名的

1. Lisa has been to many famous places in the world.
   莉莎去過世界上許多著名的景點。

❖ 形容詞變化：***more famous, most famous***

❖ ***famously*** [`feməslɪ] 副 著名地

練習題 Exercise 4

☞Ans. p.375

1 看圖填充： ：請從下列單字中，選出正確的字填入句子裡：

busy	lazy	tall	short
shy	beautiful	rich	poor
friend	fat	old	kind

(1) Sherry is a _____ girl.

(2) Tommy is _____. He never helps his mother do the housework.

(3) Danny is _____.

(4) The girl is _____, and everyone looks at her.

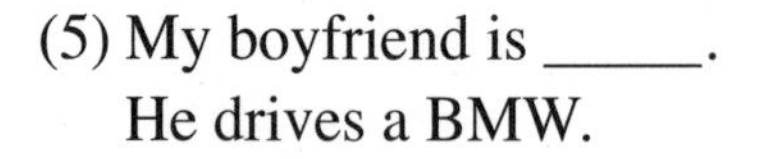

(5) My boyfriend is _____. He drives a BMW.

(6) Are you _____? Can I have a word with you?

(7) He is very _____. He offered to give his seat to an old man.

(8) Peggy is my best _______. She took good care of me when I broke my leg.

(9) Hank is very _____. He shouldn't eat any more hotdogs.

(10) Who is that strange _____ man?

2 填字遊戲

					a.					b.					
		1.	A		O				2.	O		E			
			3.			A				R					
			4.		I								c.		
6.	T							5.		N				M	
		7.	U												
				8.			I			S			U		
					R										

✪ 雙線標示，表示單字字尾的最後一格。

Across

1. Madonna is a ________ singer, and everybody knows about her.

2. Helen is ________, and she never tells a lie.
3. When I was a kid, my mom always told me, "Don't talk to a ________."
4. Susan is too ________. She is 160cm but only 40 kg.
5. Mr. Lin has a beautiful daughter and a ________ son.
6. Steve is very ________, and he can carry heavy things.
7. I watched a ________ movie yesterday, and I laughed all the time.
8. Bill is a ________ man. He doesn't like jokes.

Down

a. Kevin is a ________. He is from America.
b. This game is ________. It's not fun.
c. This book is very ________here. Everybody has read it and everybody likes it.

3 選擇題

1. Sabrina is too ________ to get the book on the shelf.
   (a) tall (b) short (c) heavy (d) healthy
2. The stranger's ________ is David Jefferson.
   (a) person (b) dear (c) name (d) dear
3. Is that ________ Smith's husband?
   (a) sir (b) Miss (c) Mr. (d) Mrs.
4. Are you ________ to do that job?
   (a) friendly (b) hard-working (c) able (d) successful
5. Frank always helps the ________, especially homeless people.
   (a) poor (b) rich (c) shy (d) bad

Unit 5

Emotion and Thinking

情感與思想

Group 024

Disk 1

24

0225 □ **afraid** [ə`fred] 形 害怕；擔心

1. Don't be **afraid**. 不要害怕。

❖ 形容詞變化：***more afraid, most afraid***

❖ ***afraid of*** 害怕 ❖ ***afraid to do sth.*** 不敢

0226 □ **sad** [sæd] 形 悲傷的；可悲的

1. Sally feels very **sad**. 莎莉感到非常難過。

❖ 形容詞變化：***sadder, saddest***

❖ ***sadly*** [`sædlɪ] 副 悲哀地 ❖ ***sadness*** [`sædnɪs] 名 悲傷

0227 □ **angry** [`æŋgrɪ] 形 生氣的；發怒的

1. Tom gets **angry** easily. 湯姆很容易生氣。

❖ 形容詞變化：***angrier, angriest***

❖ ***anger*** [`æŋgɚ] 名 憤怒

❖ ***angrily*** [`æŋgrɪlɪ] 副 憤怒地；生氣地

0228 □ **bored** [`bord] 形 感到無聊的；感到厭煩的

1. I feel **bored**. Do you want to go out and play?
   我覺得很無聊，你想要出去玩嗎？

❖ ***boring*** [`borɪŋ] 形 令人厭煩的；乏味的

0229 □ **lonely** [`lonlɪ] 形 孤獨的；寂寞的

1. What do you do when you feel **lonely**?
你感到寂寞時會做什麼？

❖ 形容詞變化：***lonelier***, ***loneliest***
❖ ***loneliness*** [ˋlonlɪnɪs] 名 寂寞

0230 □ unhappy [ʌnˋhæpɪ] 形 不高興的；不愉快的

1. Rose seems to be **unhappy**. 蘿絲似乎不太開心。

❖ 形容詞變化：***unhappier***, ***unhappiest***
❖ ***unhappily*** [ʌnˋhæpɪlɪ] 副 不快樂地
❖ ***unhappiness*** [ʌnˋhæpɪnɪs] 名 不快；痛苦

0231 □ tired [taɪrd] 形 疲倦的；厭煩的

1. Paul was **tired** and fell asleep right away.
保羅很疲倦，立刻就睡著了。

❖ 形容詞變化：***more tired***, ***most tired*** ❖ ***tired of*** 厭煩

0232 □ sick [sɪk] 形 病的；對……厭煩的

1. Phil is **sick**. 菲爾生病了。

❖ 形容詞變化：***sicker***, ***sickest*** ❖ ***sickness*** [ˋsɪknɪs] 名 患病
❖ ***sickly*** [ˋsɪklɪ] 形 使人厭惡的 ❖ ***sick of*** 對……厭煩

0233 □ weak [wik] 形 虛弱的；衰弱的

1. Jimmy feels **weak**. 吉米覺得全身虛弱。

❖ 形容詞變化：***weaker***, ***weakest***
❖ ***weakness*** [ˋwiknɪs] 名 虛弱；缺點
❖ ***weakly*** [ˋwiklɪ] 形 虛弱的；軟弱的 副 虛弱地；軟弱地

Group 025

Disk 1

25

0234 □ excited [ɪk`saɪtɪd] 形 感到興奮的；感到激動的

1. Linda is so **excited** about going out with Jack.
   琳達因為要和傑克出去而非常**興奮**。
2. Tina was very **excited** when she heard the news.
   蒂娜聽到新聞時非常**激動**。

- ❖ 形容詞變化：***more excited*, *most excited***
- ❖ ***excite*** [ɪk`saɪt] 動 使興奮；使激動
- ❖ ***excitedly*** [ɛk`saɪtɪdlɪ] 副 興奮地；激動地
- ❖ ***excitement*** [ɪk`saɪtmənt] 名 興奮；激動
- ❖ ***exciting*** [ɪk`saɪtɪŋ] 形 令人興奮、激動的
- ❖ ***excitingly*** [ɛk`saɪtɪŋlɪ] 副 振奮人心地；刺激地

0235 □ glad [glæd] 形 高興的；樂意的

1. I am **glad** to help. 我很**樂意**幫忙。

- ❖ 形容詞變化：***gladder*, *gladdest***
- ❖ ***gladness*** [`glædnɪs] 名 喜悅
- ❖ ***gladly*** [`glædlɪ] 副 高興地；樂意地

0236 □ happy [`hæpɪ] 形 快樂的；高興的

1. I can never be **happier**. 我再**快樂**不過了。

- ❖ 形容詞變化：***happier*, *happiest***
- ❖ ***happily*** [`hæpɪlɪ] 副 快樂地
- ❖ ***happiness*** [`hæpɪnɪs] 名 快樂；愉快；幸福

0237 □ surprised [sə`praɪzd] 形 感到驚訝的

1. We are surprised at Jimmy's behavior.
   我們對吉米的行為感到很驚訝。

❖ 形容詞變化：***more surprised***, ***most surprised***
❖ ***surprise*** [sə`praɪz] 動 使驚訝；詫異
❖ ***surprising*** [sə`praɪzɪŋ] 形 令人驚訝的；驚人的
❖ ***surprisingly*** [sə`praɪzɪŋlɪ] 副 令人驚訝地；驚人地

0238 □ great [gret] 形 極好的；優秀的

1. It is really great! 這真是太好了！

❖ 形容詞變化：***greater***, ***greatest***
❖ ***greatly*** [`gretlɪ] 副 大大地
❖ ***greatness*** [`gretnɪs] 名 偉大；崇高

0239 □ free [fri] 形 自由的；閒置的

1. Are you free tomorrow? 你明天有空嗎？

❖ 形容詞變化：***freer***, ***freest*** ❖ ***freedom*** [`fridəm] 名 自由
❖ ***freely*** [`frilɪ] 副 自由地；無拘束地

0240 □ lucky [`lʌkɪ] 形 幸運的；好運的

1. I am so lucky to win this prize. 我能得獎真是幸運。

❖ 形容詞變化：***luckier***, ***luckiest***
❖ ***luck*** [lʌk] 名 運氣 ❖ ***luckily*** [`lʌkɪlɪ] 副 好運地；幸好
❖ ***good luck*** 好運 ❖ ***bad luck*** 壞運

0241 □ proud [praʊd] 形 驕傲的；自負的

1. Mr. Johnson is very proud of his daughter.
   強森先生以他的女兒為榮。
2. Frank is so proud of himself. 法蘭克非常自豪。

> ❖ 形容詞變化：***prouder***, ***proudest***
> ❖ ***proudly*** [ˋpraʊdlɪ] 副 自負地；誇耀地；自豪的

0242 □ comfortable [ˋkʌmfɚtəbl̩] 形 舒適的

1. This sofa is really comfortable. 這張沙發真舒服。

> ❖ 形容詞變化：***more comfortable***, ***most comfortable***
> ❖ ***comfortably*** [ˋkʌmfɚtəblɪ] 副 舒服地；舒適地
> ❖ ***comforting*** [ˋkʌmfɚtɪŋ] 形 令人欣慰的
> ❖ ***comfortingly*** [ˋkʌmfɚtɪŋlɪ] 副 安慰地；令人欣慰
> ❖ ***comfortless*** [ˋkʌmfɚtlɪs] 副 無安慰的；不舒服的

Group 026

Disk 1

26

0243 □ feel [fil] 不及 感覺；覺得

1. I feel great! 我感覺好極了！

> ❖ 動詞變化：***felt***, ***felt***, ***feeling***
> ❖ ***feeling*** [ˋfilɪŋ] 名 感覺
> ❖ ***feel sorry for*** 為……感到可惜
> ❖ ***feel like*** 想要

0244 □ notice [ˋnotɪs] 及物 注意；察覺

1. I didn't **notice** that. 我並沒有注意到那一點。

> ❖ 動詞變化：***noticed, noticed, noticing***
>
> ❖ ***without notice*** 未預先通知地

0245 □ try [traɪ] 及物 嘗試；試行

1. Kelly **tried** hard to open the box.
   凱莉努力地試著打開箱子。

> ❖ 動詞變化：***tried, tried, trying***
>
> ❖ ***try on*** 試穿　　❖ ***try out*** 試驗

0246 □ miss [mɪs] 及物 想念；錯過

1. I **miss** you very much. 我非常想念你。
2. Did you **miss** the train? 你錯過火車了嗎？

> ❖ 動詞變化：***missed, missed, missing***
>
> ❖ ***missing*** [ˋmɪsɪŋ] 形 缺掉的；不在的

0247 □ enjoy [ɪnˋdʒɔɪ] 及物 欣賞；享受

1. **Enjoy** yourself! 祝你玩得愉快！
2. Roger **enjoys** singing very much. 羅傑非常喜歡唱歌。

> ❖ 動詞變化：***enjoyed, enjoyed, enjoying***
>
> ❖ ***enjoy*** 後面的動詞要加 ***ing***，即接**名詞**或**動名詞**。

0248 □ love [lʌv] 名 不可 愛 及物 熱愛；愛好

1. My **love**(名) for you will never change.
   我對你的愛永遠不會變。

Unit 5 情感與思想
Group 026

2. How I **love**[及] these beautiful flowers!
我真愛這些美麗的花朵啊！

> ❖ 動詞變化：***loved, loved, loving***
> ❖ ***fall in love with*** 愛上……

0249 □ **like** [laɪk] 及物 不及 喜歡

1. Do you **like**[及] this? 你喜歡這個嗎？
2. Do as you **like**[不及]. 你喜歡怎麼做就怎麼做。

> ❖ 動詞變化：***liked, liked, liking*** ❖ ***look like***看起來像

0250 □ **kiss** [kɪs] 名 可數 (-es) 吻 及物 不及 吻；接吻

1. My mother gave me a **kiss**[名]. 媽媽給了我一吻。
2. Tony **kissed**[及] me last night. 湯尼昨晚吻了我。
3. We **kissed**[不及] each other. 我們互相親吻。

> ❖ 動詞變化：***kissed, kissed, kissing***
> ❖ ***kissing*** [ˋkɪsɪŋ] 形 接吻的

0251 □ **hate** [het] 名 不可 憎恨 及 恨；厭惡

1. "**Hate**[名]" is a strong word. 「恨」是個強烈的字眼。
2. Judy **hates**[及] doing her English homework.
茱蒂非常厭惡做英語作業。

> ❖ 動詞變化：***hated, hated, hating***
> ❖ ***hateful*** [ˋhetfəl] 形 可恨的；討厭的
> ❖ ***hatefully*** [ˋhetfəlɪ] 副 可憎地；可惡地

0252 □ **cry** [kraɪ] 不及 哭泣

1. Please don't **cry**. 請不要哭。

> ❖ 動詞變化：***cried, cried, crying***

情感與思想

0253 □ **worry** [`wɔrɪ] 不及 擔心；發愁

1. You don't have to **worry** about me. 你不用擔心我。

> ❖ 動詞變化：***worried, worried, worrying***
> ❖ ***worryingly*** [`wɜɪɪŋlɪ] 副 令人煩惱的
> ❖ ***worry about*** 擔心；焦慮

0254 □ **share** [ʃɛr] 及物 分享；分擔

1. Emma and I **shared** the cake. 我和艾瑪分吃那塊蛋糕。

> ❖ 動詞變化：***shared, shared, sharing***

Group 027

Disk 1

0255 □ **agree** [ə`gri] 不及 同意；贊同

1. Does Richard **agree** to the plan? 理察同意這計畫嗎？

> ❖ 動詞變化：***agreed, agreed, agreeing***
> ❖ ***agreed*** [ə`grid] 形 議定的；意見一致的

0256 □ believe [bɪ`liv] 及物 不及 相信；信任

1. Please believe[及] me. 請相信我。
2. I believe[不及] in miracles. 我相信有奇蹟。

❖ 動詞變化：***believed, believed, believing***
❖ ***Believe it or not!*** 信不信由你！

0257 □ decide [dɪ`saɪd] 及物 不及 決定；下決心

1. We decided[及] to move to Tainan. 我們決定搬去台南。
2. I can't decide[不及]. 我無法決定。

❖ 動詞變化：***decided, decided, deciding***
❖ ***decision*** [dɪ`sɪʒən] 名 決定
❖ ***decide on/upon*** 考慮後決定

0258 □ guess [gɛs] 及物 猜想；猜測

1. Guess what? 你猜怎麼著？
2. I guessed his thoughts. 我猜到了他的想法。

❖ 動詞變化：***guessed, guessed, guessing***

0259 □ hope [hop] 名 不可 可數 (-s) 希望 及物 希望；期望

1. Don't give up hope[名]! 不要放棄希望！
2. I hope[及] you can get well soon. 希望你很快好就會起來。
3. Ann hopes[及] that her dream can come true。
   安希望她的夢想能成真。

❖ 動詞變化：***hoped, hoped, hoping***
❖ ***in the hope of*** 懷著……的希望
❖ ***live in hope(s)*** 抱有希望

0260 □ **mean** [min] 及物 意思；意謂

1. What do you **mean** by that? 你那是什麼意思？

❖ 動詞變化：***meant***, ***meant***, ***meaning***

❖ ***meaning*** [ˋminɪŋ] 名 意思；意義

0261 □ **dream** [drim] 名 可數 (-s) 夢想 不及 夢見；作夢

1. I had a **dream**[名] last night. 我昨晚做了個夢。
2. Sue **dreams**[不及] about her husband very often.
   蘇常夢見她的丈夫。

❖ 動詞變化：***dreamed/dreamt***, ***dreamed/dreamt***, ***dreaming***

❖ ***dream about*** 夢見；夢想

0262 □ **mind** [maɪnd] 名 不可 心；精神 及物 介意

1. You are always on my **mind**[名]. 你永遠在我心上。
2. I don't **mind**[及] closing the door. 我不介意把門關起來。

❖ 動詞變化：***minded***, ***minded***, ***minding***

❖ ***mind***後要接動名詞。

❖ ***change sb.'s mind*** 改變主意

0263 □ **want** [wɑnt] 及物 想要；要

1. Sarah **wants** that doll. 莎拉想要那個娃娃。
2. Billy doesn't **want** to talk about it. 比利不想談這件事。

❖ 動詞變化：***wanted***, ***wanted***, ***wanting***

0264 □ **need** [nid] 及物 需要

1. Do you **need** any help? 你需要幫忙嗎？

> ❖ 動詞變化：***needed, needed, needing***
> ❖ ***be in need of*** 需要

0265 □ **wish** [wɪʃ] 及物 希望；但願

1. I **wish** you a happy holiday! 願你有個快樂的假期！

> ❖ 動詞變化：***wished, wished, wishing***
> ❖ ***wishful*** [ˋwɪʃfəl] 形 願望的；渴望的
> ❖ ***wishfully*** [ˋwɪʃfəlɪ] 副 渴望地；希望地

0266 □ **belong** [bəˋlɔŋ] 不及 屬於

1. This house doesn't **belong** to him.
   這棟房子並不屬於他。

> ❖ 動詞變化：***belonged, belonged, belonging***
> ❖ ***belongings*** [bəˋlɔŋɪŋz] 名 財產
> ❖ ***belong to*** （所有權）屬於

Group 028

Disk 1

0267 □ **cheer** [tʃɪr] 及物 不及 歡呼；鼓舞

1. We tried to **cheer**[及] Mark up. 我們試著鼓舞馬克。
2. Everybody **cheered**[不及] when Will won.

威爾獲勝時，每個人都歡呼了起來。

- ❖ ***Cheer up***! 振作！
- ❖ ***cheerleader*** [`tʃɪr͵lidɚ] 名 啦啦隊隊長

0268 □ surprise [sɚ`praɪz] 名 可數 (-s) 驚喜；驚訝

1. Friends gave me a birthday **surprise**.
   朋友們給了我一個生日驚喜。

- ❖ ***surprised*** [sə`praɪzd] 形 感到驚訝的；出人意外的
- ❖ ***surprised at*** 對……感到驚訝
- ❖ ***surprising*** [sə`praɪzɪŋ] 形 令人驚訝的；出人意外的
- ❖ ***surprisingly*** [sə`praɪzɪŋlɪ] 副 驚人地；出人意外地

0269 □ joy [dʒɔɪ] 名 不可 歡樂；高興

1. Singing brings me **joy**. 唱歌帶給我歡樂。

- ❖ ***joyful*** [`dʒɔɪfəl] 形 高興的；充滿喜悅的
- ❖ ***joyfully*** [`dʒɔɪfəlɪ] 副 高興地；喜悅地

0270 □ fun [fʌn] 名 不可 樂趣；趣人或趣事

1. Do you have **fun**? 你玩得愉快嗎？
2. It is great **fun**! 這真是件有趣的事！

- ❖ ***for fun*** 鬧著玩地
- ❖ ***make fun of*** 取笑

0271 □ trouble [`trʌbl̩] 名 不可 麻煩；困難

1. I am in **trouble**. Would you please help me?
   我有麻煩了，你可以幫我嗎？
2. Mike has got into **trouble** again. 麥可又惹麻煩了。

練習題 Exercise 5

☞**Ans.** p.376

1 看圖填充：請從下列單字中，選出正確的字填入句子裡：

worry	believe	surprise	tired
crying	smiling	happy	sick
guess	angry	afraid	kissed

(1) Don't be ________.
Just relax

(2) _____ what's in it.

(3) What a ________!

(4) I might fail my English test. I _____ about it very much.

(5) Sam _____ me last night.

(6) Jessie is _____ about her boy friend.

(7) My mother is _____.

(8) Mrs. Tyler is really _____ with her husband.

2 填字遊戲

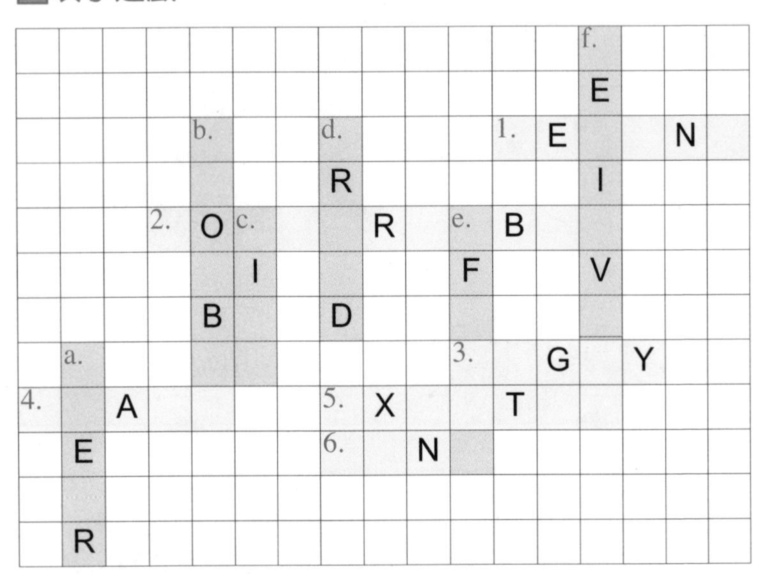

✪ 雙線標示，表示單字字尾的最後一格。

Across

1. This bag doesn't ________ to me. Maybe it's Kelly's.
2. This sofa is very ________. I enjoy sitting on it while watching TV.
3. You should say sorry to Tim. He is very ________ with you.
4. I will ______ the apple with Linda.
5. Sue is so ________ about going to the party that she can't fall asleep.
6. Do you ________ if I smoke?

Down

a. ________ up! Don't be sad.

b. I am sorry if I gave you any ________.

c. I haven't seen Kevin for ages. I ________ him very much.

d. Frank is very ________ of his good grades.

e. I am ________ that I can't go with you. I have to go home now.

f. You won the lottery? I can't ________ it!!

3 選擇題

1. I think you are right. I totally _____ with you.
   (a) agree (b) believe (c) feel (d) decide
2. Do you ______ my turning the TV off?
   (a) need (b) want (c) mind (d) wish
3. Do you mind if I smoke? _____, I do mind.
   (a) Yes (b) No (c) Yeah (d) Right
4. Are you ________ of the dark?
   (a) excited (b) afraid (c) surprised (d) weak
5. Amy _____ reading very much.
   (a) like (b) hate (c) enjoys (d) wants

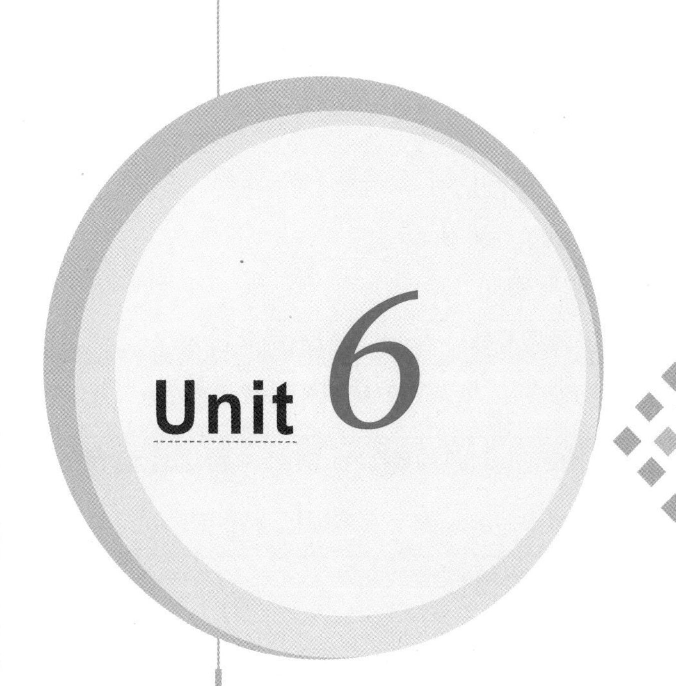

Occupations

職業

Group 029

Disk 1
29

0272 □ driver [ˋdraɪvɚ] 名 可數 (-s) 駕駛；司機

1. My father works as a taxi **driver**.
   我的爸爸是計程車司機。

❖ 以 *-er* 結尾的單字通常都指「人」，此組單字皆同。

❖ ***driver's license*** 駕照　❖ ***driver's seat*** 駕駛座

0273 □ farmer [ˋfɑrmɚ] 名 可數 (-s) 農夫；農場經營者

1. Uncle Lin is a corn **farmer**. 林叔叔是種玉米的農夫。

❖ ***farmhouse*** [ˋfɑrm͵haʊs] 名 農舍

❖ ***farmland*** [ˋfɑrm͵lænd] 名 農地

0274 □ leader [ˋlidɚ] 名 可數 (-s) 領導人；領袖

1. Kevin is the **leader** of our group.
   凱文是我們這組的組長。

❖ ***lead*** [lid] 動 引導　❖ ***leadership*** [ˋlidɚʃɪp] 名 領導能力

0275 □ officer [ˋɔfəsɚ] 名 可數 (-s) 高級職員；官員；軍官

1. The bank **officer** helped me open an account.
   那位銀行職員協助我開戶。

❖ ***office*** [ˋɔfɪs] 名 辦公室

❖ ***official*** [əˋfɪʃəl] 形 官方的；正式的

0276 □ **shopkeeper** [ˋʃɑp͵kipɚ] 名 可數 (-s) 店主；老闆

1. The **shopkeeper** gave me a discount. 老闆給了我折扣。

❖ ***shop*** [ʃɑp] 名 商店 ❖ ***keeper*** [ˋkipɚ] 名 經營者；守衛

0277 □ **singer** [ˋsɪŋɚ] 名 可數 (-s) 歌手

1. Steve is a wedding **singer**. 史蒂夫是位婚禮歌手。
2. Sandy wants to be a **singer**. 珊蒂想成為歌手。

❖ ***sing*** [sɪŋ] 動 唱；唱歌 ❖ ***singing*** [ˋsɪŋɪŋ] 名 唱；歌聲

0278 □ **waiter** [ˋwetɚ] 名 可數 (-s) 男侍者；男服務生

1. **Waiter**, we are ready to order now.
   服務生，我們準備好點菜了。

❖ 可與 Group 30中的 ***waitress*** 作比較。

0279 □ **worker** [ˋwɝkɚ] 名 可數 (-s) 工人；工作者

1. There are over 100 **workers** in the factory.
   那工廠裡有一百多名工人。

❖ ***social worker*** 社工

0280 □ **writer** [ˋraɪtɚ] 名 可數 (-s) 作家；撰稿人

1. We know about the **writer** through his book.
   我們透過作家的書了解他。

❖ ***write*** [raɪt] 動 書寫 ❖ ***writing*** [ˋraɪtɪŋ] 名 書寫；著作

Group 030

Disk 1

30

0281 □ doctor [ˋdɑktɚ] 名可數 (-s) 醫生；博士

1. Frank needs to see a **doctor**. 法蘭克得看醫生。
2. **Dr.** Wang will come to visit us tomorrow.
   王博士明天會來拜訪我們。

0282 □ fisherman [ˋfɪʃɚmən] 名可數 (-men) 漁夫

1. The **fisherman** caught a lot of fish. 漁夫釣了很多魚。

0283 □ mailman, mail carrier [ˋmel͵mæn] [ˋmel kærɪɚ] 名可數 (-men) (-s) 郵差

1. The **mailman** comes here around 3 pm every day.
   郵差每天下午三點左右會到這裡。

❖ ***carrier*** [ˋkærɪɚ] 名 運送人；送信人

0284 □ nurse [nɝs] 名可數 (-s) 護士

1. An excellent **nurse** took good care of me when I was sick. 我生病時，有位好護士細心地照顧著我。

❖ ***nursery*** [ˋnɝsərɪ] 名 托兒所

❖ ***nursing*** [ˋnɝsɪŋ] 名 護理；養育

0285 □ police [pəˋlis] 名 警察

1. I think we should call the **police**. 我想我們應該叫警察。

❖ 通常只用單數形，加上冠詞 ***the***，表示「警方」。

❖ ***police officer*** (-s) 警員；警官

0286 □ **waitress** [ˋwetrɪs] 名 可數 (-es) 女服務生

1. The **waitress** brought me a glass of water.
   那女服務生端了一杯水給我。

0287 □ **king** [kɪŋ] 名 可數 (-s) 國王

1. Do you know the story of **King** Arthur?
   你知道亞瑟王的故事嗎？

❖ 尊稱某位國王時，要用大寫***King***。

0288 □ **queen** [kwin] 名 可數 (-s) 皇后

1. A **queen** has great power in this country.
   在這個國家裡，皇后擁有很大的權力。

Group 031

Disk 1

0289 □ **boss** [bɔs] 名 可數 (-es) 老闆；上司

1. Where can I find your **boss**? 我在哪裡可以找到你老闆？

0290 □ **business** [ˋbɪznɪs] 名 可數 不可 (-s) 生意；商業；行業

1. How is your **business**? 你的生意做得如何？
2. Russell is in the **business** of writing computer programs. 羅素從事撰寫電腦程式的行業。

❖ ***mind one's own business*** 管自己的事

❖ ***get down to business*** 開始作正事

0291 □ **businessman** [ˋbɪznɪsˏmæn] 名 可數 (-men) 商人；企業家

1. Paul Benson is a successful **businessman**.
   保羅・班森是位成功的**企業家**。

❖ ***businesswoman*** [ˋbɪznɪsˏwʊmən] 名 女企業家
❖ ***business people*** 商人；企業家

0292 □ **case** [kes] 名 可數 (-s) 事實；實情

1. That is not the **case**. **事實**並非如此。

❖ ***in case*** 假使；以免　❖ ***in that case*** 既然那樣

0293 □ **matter** [ˋmætɚ] 名 可數 (-s) 事情；事件 不及 有關係；要緊

1. What's the **matter**名? 發生什麼**事**了？
2. It doesn't **matter**不及. 沒有**關係**。

❖ 動詞變化：***mattered***, ***mattered***, ***mattering***
❖ ***as a matter of fact*** 事實上　❖ ***no matter what*** 不論什麼
❖ ***no matter when*** 不論何時　❖ ***no matter how*** 不論如何
❖ ***no matter where*** 不論何處

0294 □ **chance** [tʃæns] 名 可數 (-s) 機會

1. Emma has no **chance** to get the job.
   艾瑪沒有**機會**得到那個工作。

❖ ***by chance*** 偶然地；意外地
❖ ***stand no chance*** 沒有機會

0295 □ **experience** [ɪk`spɪrɪəns] 名 可數 (-s) 經歷 不可 經驗；體驗

1. Sharon told us her **experiences**可 in New Zealand.
   雪倫跟我們訴說她在紐西蘭的經歷。
2. Judy has no **experience**不可 in sales.
   茱蒂沒有銷售的經驗。

❖ ***experienced*** [ɪk`spɪrɪənst] 形 有經驗的；熟練的

0296 □ **idea** [aɪ`diə] 名 可數 (-s) 主意；點子；概念

1. What a good **idea**! 真是個好主意！
2. Tracy has no **idea** about it. 崔西對此一點概念也沒有。

❖ ***ideal*** [aɪ`diəl] 形 理想的；完美的

0297 □ **job** [dʒɑb] 名 可數 (-s) 工作；職業

1. Have you found a **job**? 你找到工作了嗎？
2. Jenny found a **job** at the school.
   珍妮在學校裡找到了一份工作。

❖ ***Good job!*** 做得好！

0298 □ **work** [wɝk] 名 不可 工作 動 工作

1. How is your **work**? 你的工作如何？
2. Sam **works** very hard. 山姆工作非常努力。

❖ 動詞變化：***worked***, ***worked***, ***working***

❖ ***at work*** 在工作 ❖ ***out of work*** 失業

❖ ***work out*** 有好結果

0299 □ **meeting** [`mitɪŋ] 名 可數 (-s) 會議；集會

1. I went home late today because of a **meeting**.
   我今天因為要開會，所以比較晚回家。

❖ ***meeting place*** 聚會地點

0300 □ **own** [on] 動 擁有

1. That rich man **owns** three companies.
   那個有錢人擁有三家公司。

❖ 動詞變化：***owned***, ***owned***, ***owning***
❖ ***owner*** [`onɚ] 名 擁有人

0301 □ **plan** [plæn] 名 可數 (-s) 計畫；及物 計畫；打算

1. Richard made a **plan**(名) for the company
   理察為公司做了計畫。
2. What do you **plan**(及物) to do next? 你接下來計畫做什麼？

❖ 動詞變化：***planned***, ***planned***, ***planning***

0302 □ **possible** [`pɑsəbḷ] 形 可能的

1. Is it **possible** for you to work as a driver?
   你有可能擔任駕駛嗎？

❖ ***possibility*** [ˏpɑsə`bɪlətɪ] 名 可能性；可能的事
❖ ***impossibility*** [ɪmˏpɑsə`bɪlətɪ] 名 不可能性；不可能的事
❖ ***impossible*** [ɪm`pɑsəbḷ] 形 不可能的
❖ ***as…as possible*** 盡可能　❖ ***if possible*** 如果可能的話

練習題 Exercise 6

☞Ans. p.376

1 看圖填充：請填入正確的職業名稱。

2 填字遊戲

				a.												
				O		b.								d.		
						X								A		
				S						c.1.	E				N	
	2.	U							M							
				B						T				R		
						I										
3.	U		S									4.	O			
										R				S		
		5.	E			E										

Across

1. I have an important _______ with my client in the afternoon.
2. Paul is a successful _______. He owns three companies.
3. Rose wants to be a ________ and take care of sick people.
4. My ______ gave me a raise last month.
5. Sue is the ________ of our team, and we will follow her.

Down

a. Is it _____ for us to Live on Mars?

b. Steve has no work ________, and this is his first job.

c. What's the ________? You look worried.

d. Judy works as a _______ in that restaurant. She waits on the guests.

3 拼字組合

1. pposheeker s________
2. aimmanl a________
3. giners s________
4. aecnhs c________
5. ussneisb b________

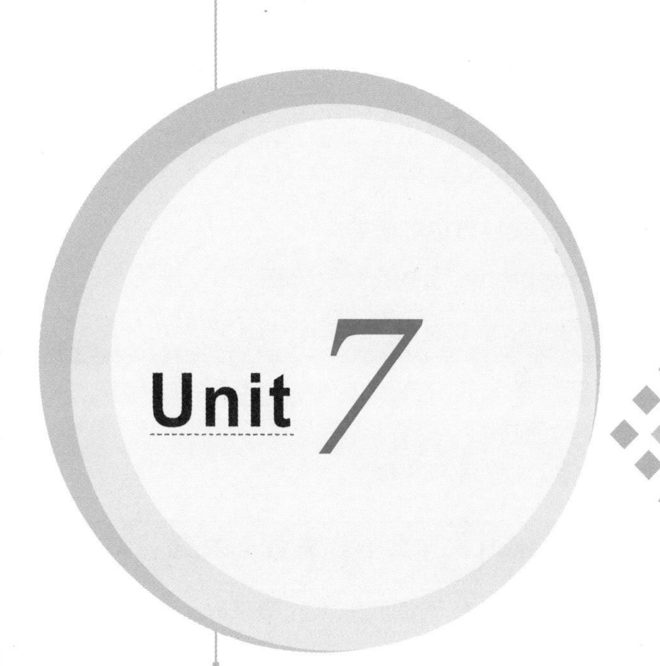

Clothes, Accessories and Colors

服裝、配件和顏色

Group 032

Disk 1

32

0303 □ clothes [kloz] 名 服裝；衣服

1. I like your **clothes**. 我喜歡你的服裝。
2. These **clothes** are pretty. 這些衣服很漂亮。

❖ clothes 只有複數形，通常與複數代名詞連用，而動詞均用複數動詞。如第二例句。

❖ ***cloth*** [klɔθ] 名 布；衣料

❖ ***clothing*** [ˋkloðɪŋ] 名（總稱）衣物

0304 □ coat [kot] 名 可數 (-s) 外套；大衣

1. Please bring me my **coat**. 請把我的大衣帶來。

❖ ***coated*** [ˋkotɪd] 形 穿外套的；覆蓋著的

0305 □ dress [drɛs] 名 可數 (-es) 洋裝 及物 不及 穿著

1. Jessie is very pretty in that new **dress** 名.
   穿著新洋裝的潔西非常漂亮。
2. Lucy **dressed** 及 her daughter like a princess.
   露西把她的女兒打扮得像個公主。
3. Sabrina **dressed** 不及 beautifully. 莎賓娜打扮得很美。

❖ 動詞變化：***dressed***, ***dressed***, ***dressing***

❖ ***dressed*** [ˋdrɛst] 穿好衣服的；打扮好的

❖ ***dress up*** 盛裝；裝扮　❖ ***dress-up*** 盛裝的；精心打扮的

0306 □ **jacket** [ˋdʒækɪt] 名 可數 (-s) 夾克；上衣

1. Ruth put on her **jacket** and left. 露絲穿上她的夾克走了。

0307 □ **jeans** [dʒinz] 名 牛仔褲（只作複數形）

1. Leslie bought a pair of blue **jeans** yesterday.
   萊斯利昨天買了一條藍色的牛仔褲。

0308 □ **pants** [pænts] 名 褲子；寬鬆長褲

1. Gina's **pants** go well with her shirt.
   吉娜的褲子和她的襯衫很搭。

❖ pants 一定要用複數形，動詞均用複數動詞。
❖ ***trousers*** [ˋtraʊzɚz] 名 褲子（英式英語）

0309 □ **shirt** [ʃɝt] 名 可數 (-s) 襯衫

1. I like to wear red **shirts**. 我喜歡穿紅襯衫。
2. Tim is wearing a pink **shirt** today.
   提姆今天穿了一件粉紅色的襯衫。

0310 □ **shoe** [ʃu] 名 可數 (-s) 鞋子

1. My dad bought me a pair of running **shoes**.
   我爸爸買給我一雙跑步鞋。
2. Helen asked her mother to buy a new pair of **shoes** for her. 海倫要媽媽為她買一雙新鞋。

❖ ***in sb.'s shoes*** 處於某人的處境
❖ ***shoestring*** [ˋʃu͵strɪŋ] 名 鞋帶

0311 □ **skirt** [skɝt] 名 可數 (-s) 裙子

1. Anita likes to wear mini **skirts**. 安妮塔喜歡穿迷你裙。
2. Sally likes to wear long **skirts**. 莎莉喜歡穿長裙。

0312 □ **socks** [sɑks] 名 襪子（只作複數形）

1. Johnny is wearing white **socks** today.
   強尼今天穿了一雙白襪子。

0313 □ **sweater** [`swɛtɚ] 名 可數 (-s) 毛衣

1. Helen looks great in a **sweater** and jeans.
   海倫穿毛衣配牛仔褲很好看。

0314 □ **uniform** [`junə͵fɔrm] 名 可數 (-s) 制服

1. All bank security officers wear **uniforms**.
   銀行的保全人員都穿著制服。

❖ ***uniformed*** [`junə͵fɔrmd] 形 穿著制服的

Group 033

Disk 1

0315 □ **bag** [bæg] 名 可數 (-s) 袋；提袋

1. I forgot to bring my **bag**. 我忘了拿我的袋子。

❖ ***handbag*** （女用手提包）；小旅行包

❖ ***baggage*** [`bægɪdʒ] 名 行李

0316 □ **belt** [bɛlt] 名 可數 (-s) 皮帶

1. Fannie showed me the **belt** she had just bought.
   芬妮給我看她剛買的皮帶。

0317 □ **cap** [kæp] 名 可數 (-s) 棒球帽

1. Danny always wears a **cap** no matter where he goes.
   丹尼無論去哪裡都戴著棒球帽。

0318 □ **glove** [glʌv] 名 可數 (-s) 手套

1. Mother put on **gloves** and began to wash our clothes.
   媽媽戴上了手套，開始洗我們的衣服。

0319 □ **ring** [rɪŋ] 名 可數 (-s) 戒指 不及 （鐘、鈴等）鳴響

1. Louis gave Shirley a diamond **ring**[名] and proposed to her. 路易士給了雪莉一枚鑽戒，並向她求婚。
2. The phone **rings**[不及]. 電話響了。

> ❖ 動詞變化：***rang***, ***rung***, ***ringing***
> ❖ ***ringed*** [rɪŋd] 形 有環的；戴戒指的
> ❖ ***ring back*** 回電話（英式英語） ❖ ***ring finger*** 無名指

Group 034

Disk 1 34

0320 □ **clean** [klin] 形 清潔的；乾淨的 及物 清潔；打掃

1. Did Roger put on a **clean**(形) shirt?
   羅傑穿上了乾淨的襯衫嗎？
2. Daisy helps her mother to **clean**(及) the house.
   黛西幫媽媽打掃房子。

- ❖ 形容詞變化：***cleaner***, ***cleanest***
- ❖ 動詞變化：***cleaned***, ***cleaned***, ***cleaning***
- ❖ ***cleaning*** [ˋklinɪŋ] (名) 打掃；清洗
- ❖ ***cleanliness*** [ˋklɛnlɪnɪs] (名) 潔淨

0321 □ dirty [ˋdɝtɪ] (形) 骯髒的

1. Jimmy got his clothes **dirty** because of the football game. 吉米因為橄欖球賽而把衣服弄髒了。

- ❖ 形容詞變化：***dirtier***, ***dirtiest***
- ❖ ***dirt*** [dɝt] (名) 塵土；污物

0322 □ modern [ˋmɑdɚn] (形) 時髦的；現代的

1. Kelly's dress is very **modern**. 凱莉的洋裝非常時髦。
2. Do you want to go to the **Modern** Art Museum?
   你想要去現代美術館嗎？

- ❖ 形容詞變化：***more modern***, ***most modern***
- ❖ ***modernize*** [ˋmɑdɚˏnaɪz] (動)（使）現代化
- ❖ ***modernization*** [ˏmɑdɚnəˋzeʃən] (名) 現代化；現代化事物

0323 □ wash [wɑʃ] (及物) 洗；洗滌

1. We should **wash** our hands often. 我們應該常洗手。
2. Mother **is washing** the baby's face. 母親在幫寶寶洗臉。

❖ 動詞變化：***washed***, ***washed***, ***washing***

❖ ***wash away*** 沖掉

❖ ***wash up*** 洗碗（英式英語）；洗手、臉（美式英語）

0324 □ **wear** [wɛr] 及物 穿著；戴著

1. What are you going to **wear** for the party tomorrow?
   明天的派對，你要穿什麼？
2. Did Hazel **wear** her glasses today?
   海柔今天有戴眼鏡嗎？

❖ 動詞變化：***wore***, ***worn***, ***wearing***

❖ ***wearable*** [ˋwɛrəbl̩] 形 可穿戴的；耐穿的

❖ ***wearability*** [ˏwɛrəˋbɪlətɪ] 形（衣服的）耐穿性

Group 035

Disk 1

0325 □ **buy** [baɪ] 及物 買；購買

1. Vicky wants to **buy** a new skirt. 維琪想要買一條新裙子。

❖ 動詞變化：***bought***, ***bought***, ***buying***

❖ ***buyable*** [ˋbaɪəbl̩] 形 可買的 ❖ ***buyer*** [ˋbaɪɚ] 名 購買者

0326 □ **sell** [sɛl] 及物 賣；賣出

1. Do you **sell** gloves here? 你們這裡有賣手套嗎？

❖ 動詞變化：***sold*, *sold*, *selling*** ❖ ***sell out*** 賣光
❖ ***seller*** [ˋsɛlɚ] 名 銷售者
❖ ***selling*** [ˋsɛlɪŋ] 名 銷售；推銷

0327 □ cost [kɔst] 及物 花費

1. This sweater **cost** me NT 1,000.
   這件毛衣花了我台幣一千元。
2. How much does this bag **cost**? 這個提袋要花多少錢？

❖ 動詞變化：***cost*, *cost*, *costing***
❖ cost 要以物品做主詞，而不說 I cost…。
❖ ***at all cost*** 無論如何 ❖ ***at cost*** 按成本價

0328 □ spend [spɛnd] 及物 花費（錢、時間）

1. Cindy **spent** NT 200 on that book.
   辛蒂花了台幣兩百元買那本書。
2. Tracy **spent** two weeks reading that book.
   崔西花了兩個星期看完那本書。

❖ 動詞變化：***spent*, *spent*, *spending***
❖ ***spendable*** [ˋspɛndəbl̩] 形 可花費的
❖ ***spending*** [ˋspɛndɪŋ] 名 開銷
❖ spend 以人爲主詞，後面接名詞或動名詞，不接不定詞。
❖ 表示「花時間」的還有***take***，但不以人作主詞。

0329 □ pay [pe] 及物 不及 付錢；支付

1. Do you want me to **pay**[及] you now?
   你要我現在付錢給你嗎？
2. Can I **pay**[不及] by check? 我可以用支票付款嗎？

❖ 動詞變化：***paid, paid, paying***

❖ ***pay a visit to*** 拜訪　❖ ***pay attention to*** 關心；注意

❖ ***pay back*** 報答；償還　❖ ***pay for*** 爲……付出代價

0330 □ **price** [praɪs] 名 可數 (-s) 價格；價錢

1. The **price** of this house is too high. 這房子的價位太高。

❖ ***priced*** [ˋpraɪst] 形 附有定價的

❖ ***priceless*** [ˋpraɪslɪs] 形 無價的；貴重的

❖ ***at any price*** 無論花多少代價

0331 □ **money** [ˋmʌnɪ] 名 不可 錢；貨幣

1. I don't have any **money** with me. 我身上一毛錢也沒有。

❖ ***make money*** 賺錢　❖ ***lose money*** 賠錢

❖ ***spend money like water*** 花錢如流水

0332 □ **dollar** [ˋdɑlɚ] 名 可數 (-s)（美、加等國的貨幣單位）元

1. Jeffrey spent a million **dollars** buying the new house.
   傑佛瑞花了一百萬美元買這棟新房子。

0333 □ **cent** [sɛnt] 名 可數 (-s)（美、加等國）分

1. I paid a dollar and 50 **cents** for this book.
   我花了 1 元 50 分美金買這本書。

❖ ***100 cents = 1 dollar***

0334 □ **cheap** [tʃip] 形 便宜的；廉價的

1. This beautiful ring is quite **cheap**.

這漂亮的戒指還滿便宜的。

> ❖ 形容詞變化：***cheaper***, ***cheapest***
>
> ❖ ***cheaply*** [ˋtʃiplɪ] 副 便宜地

0335 □ **expensive** [ɪkˋspɛnsɪv] 形 昂貴的；高價的

1. The watch is too **expensive** for me.
   這手錶對我來說太貴了。

> ❖ 形容詞變化：***more expensive***, ***most expensive***
>
> ❖ ***expensively*** [ɪksˋpɛnsɪvlɪ] 副 昂貴地；奢侈地

Group 036

Disk 1 36

0336 □ **book** [bʊk] 名 可數 (-s) 書本；書籍

1. Tina wrote several **books**. 蒂娜寫了許多本書。

> ❖ ***book lover*** 喜歡讀書的人 ❖ ***booklet*** [ˋbʊklɪt] 名 小冊子
>
> ❖ ***bookcase*** [ˋbʊkˏkes] 名 書架；書櫥
>
> ❖ ***bookmark*** [ˋbʊkˏmɑrk] 名 書籤

0337 □ **camera** [ˋkæmərə] 名 可數 (-s) 照相機

1. Frank doesn't like to let others use his **camera**.
   法蘭克不喜歡別人用他的照相機。

> ❖ ***cameraman*** [ˋkæmərəˏmæn] 名 攝影師；攝影記者
>
> ❖ ***camera-shy*** [ˋkæmərəˏʃaɪ] 形 不喜歡被拍照的
>
> ❖ ***camerawork*** [ˋkæmrəˏwɝk] 名 攝影術

0338 □ **cell phone** [ˋsɛl ˋfon] 名 可數 (-s) 行動電話；手機

1. May I borrow your **cell phone**? 你的手機可以借我嗎？

❖ ***cellular phone = mobile phone = cell phone***

0339 □ **key** [ki] 名 可數 (-s) 鑰匙

1. Jess forgot his **key** and was locked outside.
   傑斯忘了帶鑰匙，被鎖在門外。

❖ ***key in*** 用電腦鍵盤把……輸入
❖ ***keyboard***（電腦、鋼琴、打字機等的）鍵盤
❖ ***key ring*** 鑰匙圈 ❖ ***key word*** 關鍵字

0340 □ **map** [mæp] 名 可數 (-s) 地圖

1. Don't forget to bring the **map** with you.
   別忘了把地圖帶著。

❖ ***mapping*** [ˋmæpɪŋ] 名 繪圖；製圖 ❖ ***map out*** 安排

0341 □ **page** [pedʒ] 名 可數 (-s)（書等的）一頁

1. Please turn to the next **page**. 請翻到下一頁。

Group 037

Disk 1 37

0342 □ **color** [ˋkʌlɚ] 名 可數 (-s) 顏色

1. What is your favorite **color**? 你最喜歡的顏色是什麼？

❖ ***colorful*** [ˋkʌləfəl] 形 附有色彩的；鮮豔的
❖ ***colorfulness*** [ˋkʌləfəlnɪs] 名 鮮豔

0343 □ **black** [blæk] 形 黑色的 名 不可 黑色

1. Mike wore his **black**形 suit to work today.
   麥克今天穿黑色西裝去上班。
2. The woman in **black**名 is my sister.
   那個穿黑色衣服的女人是我姐姐。

❖ ***blacken*** [ˋblækən] 動 變黑；變暗
❖ ***blackly*** [ˋblæklɪ] 副 黑暗地；抑鬱地
❖ ***black tea*** 紅茶 ❖ ***black pepper*** 黑胡椒粉

0344 □ **blue** [blu] 形 藍色的 名 不可 藍色；天藍色

1. The sky is so **blue**形. 天空這麼藍。
2. Little Susan likes to dress in **blue**名.
   小蘇珊喜歡穿藍色衣服。

0345 □ **brown** [braʊn] 形 褐色的；棕色的 名 不可 褐色；棕色

1. Whitney has beautiful **brown**形 hair.
   惠妮有一頭漂亮的褐髮。
2. They painted the wall **brown**名. 他們把牆壁漆成褐色。

❖ ***brownish*** [ˋbraʊnɪʃ] 形 呈褐色的

0346 □ **dark** [dɑrk] 形 黑暗的 名 不可 黑暗；暗處

1. It is **dark**形 in the room. 房間裡很暗。

2. There is something in the **dark**名.

黑暗處裡好像有些什麼。

- ❖ 形容詞變化：***darker*, *darkest***
- ❖ ***darken*** [ˋdɑrkən] 動 使變黑；使變暗
- ❖ ***darkened*** [ˋdɑrkənd] 形 變黑的；無燈光的
- ❖ ***darkly*** [ˋdɑrklɪ] 副 黑暗地；陰暗地
- ❖ ***darkness*** [ˋdɑrknɪs] 名 黑暗；陰暗

0347 □ gray [gre] 形 灰色的 名 不可 灰色

1. The sky is **gray**形 and it might rain.

   天空灰灰的，可能要下雨了。

2. Which one do you like? **Gray**名 or black?

   你喜歡哪一個？灰色的還是黑色的？

- ❖ ***grayly*** [ˋgrelɪ] 副 灰色地；薄暗地
- ❖ ***grayness*** [ˋgrenɪs] 名 灰色；（頭髮）灰白

0348 □ green [grin] 形 綠色的 名 不可 綠色

1. Do you like my **green**形 shirt? 你喜歡我的綠色襯衫嗎？
2. My mom loves **green**名 very much. 我媽媽很喜歡綠色。

- ❖ ***greenly*** [ˋgrinlɪ] 副 綠色地
- ❖ ***greenness*** [ˋgrinnɪs] 名 綠色；新鮮
- ❖ ***greenish*** [ˋgrinɪʃ] 形 呈綠色的；微綠的
- ❖ ***green light*** 交通綠燈
- ❖ ***greenhouse*** [ˋgrinˏhaʊs] 名 溫室

0349 □ **pink** [pɪŋk] 形 粉紅色的 名 不可 粉紅色

1. Lily bought a **pink**形 belt. 莉莉買了一條粉紅色的皮帶。
2. **Pink**名 is Linda's favorite color.
   粉紅色是琳達最喜歡的顏色。

❖ ***pinkish*** [ˋpɪŋkɪʃ] 形 帶桃紅色的

0350 □ **purple** [ˋpɝpl̩] 形 紫色的 名 不可 紫色

1. Would you please show me the **purple**形 hat?
   請你拿那頂紫色的帽子給我看好嗎？
2. You look great in **purple**名! 你穿紫色衣服很好看！

0351 □ **red** [rɛd] 形 紅色的 名 不可 紅色

1. Please give me the **red**形 one. 請給我紅色的。
2. Do I have to dress in **red**名 for the wedding?
   我一定要穿紅色的衣服去參加婚禮嗎？

❖ ***redden*** [ˋrɛdn̩] 動 使變紅；染紅
❖ ***reddish*** [ˋrɛdɪʃ] 形 帶紅色的；淡紅的
❖ ***red light*** 交通紅燈 ❖ ***red wine*** 紅酒

0352 □ **white** [hwaɪt] 形 白色的 名 不可 白色

1. Emma has **white**形 teeth. 艾瑪有一口潔白的牙齒。
2. **White** is the color of my wall. 我的牆壁是白色的。

❖ ***whiten*** [ˋhwaɪtn̩] 動 變白；漂白
❖ ***whiteness*** [ˋhwaɪtnɪs] 名 蒼白；潔白
❖ ***whitely*** [ˋhwaɪtlɪ] 副 產生白色地；發白光地
❖ ***white lie*** 善意的謊言 ❖ ***white wine*** 白葡萄酒

0353 □ **yellow** [ˋjɛlo] 形 黃色的 名 不可 黃色

1. Can you pass me the **yellow**[形] box?
   把那個黃色盒子遞給我好嗎？
2. Both of them dressed in **yellow**[名] this morning.
   她們倆今早都穿黃色的衣服。

❖ ***yellowness*** [ˋjɛlonɪs] 名 黃色；發黃
❖ ***yellowish*** [ˋjɛloɪʃ] 形 淡黃色的；帶黃色的
❖ ***Yellow Pages*** （電話簿中刊載公司、廠商電話的）黃頁

練習題 Exercise 7

☞**Ans.** p.377

1 看圖填充：請填入正確的衣服及配件名稱。

2 填字遊戲

	1.	X	b.	E		c.	I								
	a.					2.			C						
						E									
3.	R		E												
						4.	I		T	d.					
5.		E								E					
6.	E								7.		O		H		
										L					
										8.		I		E	

✪ 雙線標示，表示單字字尾的最後一格。

Across

1. I don't have enough money to buy this skirt. It's too _____.
2. How much does this shirt cost? I don't see the _____ on it.
3. The meadow looks so beautiful with all the _____ grass and yellow flowers.
4. This shirt is ______. How can I clean it?
5. We usually use the mop to _____ the floor.
6. I don't like to _________ a skirt. I prefer pants.
7. After the rain, my _________ are all wet.
8. Joyce wore a _____ dress on her wedding day.

Down

a. The grapes are ______, and the strawberries are red.

b. This is a thick book. It has 720 _______.

c. You went shopping again! How much money did you ________ today?

d. That ______ light is blinking, and I have to slow down the car.

3 拼字組合

1. enrodm m________
2. fuimron u________
3. llweoy y________
4. ieprc p________
5. paehc c________

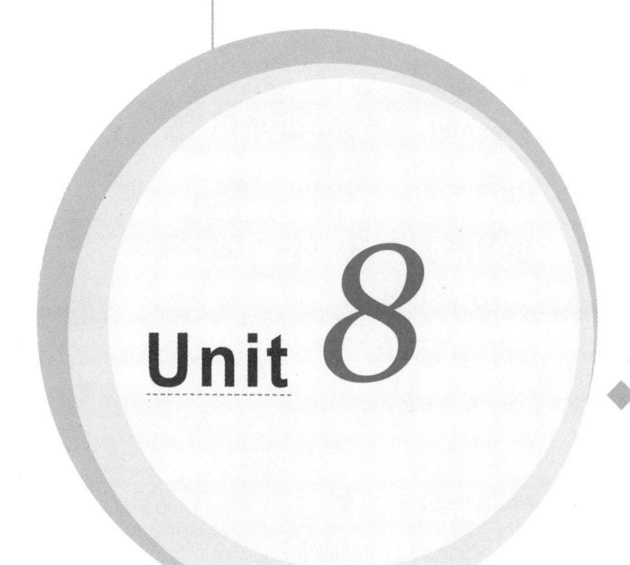

Food and Drinks

食物與飲品

Group 038

Disk 2 1

0354 □ menu [ˋmɛnju] 名 可數 (-s) 菜單

1. Here is the **menu**, sir. 先生，這是我們的菜單。

0355 □ dish [dɪʃ] 名 可數 (-es) 碟；盤；菜餚

1. We can put these in the **dish**.
   我們可以把這些都放在這個盤子裡。
2. Mother often cooks my favorite **dish**.
   媽媽常常煮我最愛吃的那道菜。

> ❖ ***dishful*** [ˋdɪʃ͵fʊl] 名 一碟；一碟的容量
> ❖ ***dishwasher*** [ˋdɪʃ͵wɑʃɚ] 名 洗碗機；洗碗者
> ❖ ***dishrag*** [ˋdɪʃ͵ræg] 名 抹布
> ❖ ***dishtowel*** [ˋdɪʃ͵taʊəl] 名 乾抹布

0356 □ food [fud] 名 可數 (-s) 不可 食物；食品

1. You can buy sweet **foods** 可 in that shop.
   你可以在那家店裡買到甜食。
2. Where can I buy some **food** 不可? 我在哪裡可以買到食物？

> ❖ 強調「不同種類」的食物時，***food*** 爲可數名詞。

0357 □ meal [mil] 名 可數 (-s) 一餐；進餐

1. We usually have three **meals** in a day.
   我們通常一天吃三餐。

> ❖ ***mealtime*** [ˋmil͵taɪm] 名 進餐時間；開飯時間

0358 □ breakfast [`brɛkfəst] 名 不可 早餐

1. What did you have for **breakfast**? 你早餐吃了什麼？
2. Would you like some bread for **breakfast**?
   你早餐想吃點麵包嗎？

❖ ***breakfast time*** 早餐時間
❖ ***breakfast television*** （早餐時收看的）晨間電視節目

0359 □ lunch [lʌntʃ] 名 不可 午餐

1. When is **lunch** time? 午餐時間是什麼時候？
2. I usually bring my own **lunch** to the office.
   我通常自己準備午餐帶到公司。

❖ ***lunchbox*** [`lʌntʃbɑks] 名 便當 ❖ ***lunch break*** 午休時間
❖ ***lunch hour = lunch time*** 午餐時間

0360 □ dinner [`dɪnɚ] 名 不可 晚餐

1. Stephanie is helping her mother to prepare **dinner**.
   史黛芬妮正在幫媽媽準備晚餐。
2. Why don't you come over for **dinner** tonight?
   你今晚過來一塊吃晚餐吧？

❖ ***dinnertime*** [`dɪnɚ͵taɪm] 名 正餐時間
❖ ***dinnerware*** [`dɪnɚ͵wɛr] 名 整套的餐具
❖ ***dinner party*** 宴會；聚餐會 ❖ ***dinn table*** 飯桌；餐桌

Group 039

Disk 2

0361 □ **noodle** [ˋnudḷ] 名 可數 (-s) 麵條

1. Would you like some more **noodles**?
   你想要再來點麵嗎？

❖ 通常用複數 ***noodles*** ❖ ***instant noodles*** 速食麵；泡麵

0362 □ **rice** [raɪs] 名 不可 米；米飯；稻穀

1. Steve always has **rice** for dinner. 史蒂夫晚餐大都吃飯。
2. David's father is a **rice** farmer. 大衛的父親是位稻農。

0363 □ **hamburger** [ˋhæmbɝgɚ] 名 可數 (-s) 漢堡

1. Jimmy likes to eat **hamburgers** very much.
   吉米非常喜歡吃漢堡。

0364 □ **pie** [paɪ] 名 可數 (-s) 派（有餡的酥餅）

1. Peggy knows how to make an apple **pie**.
   佩姬知道怎麼做蘋果派。

❖ ***pie in the sky*** 不能保證實現的諾言；畫大餅
❖ ***have a finger in the pie*** 管閒事

0365 □ **pizza** [ˋpitsə] 名 可數 不可 (-s) 披薩

1. Paul and I had two **pizzas**[可]. 保羅和我吃了兩片披薩。
2. We are going to make our own **pizza**[不可].
   我們要自己做披薩。

0366 □ **sandwich** [ˋsændwɪtʃ] 名 可數 (-es) 三明治

1. Do you like **sandwiches**? 你喜歡吃三明治嗎？

❖ ***sandwiched*** [ˋsændwɪtʃt] 形 夾於兩者之間的
❖ ***sandwich board*** 背後與胸前的廣告牌

Group 040

Disk 2

3

0367* □ **meat** [mit] 名 不可 （食用的）肉

1. Do you eat **meat**? 你吃肉嗎？

0368 □ **beef** [bif] 名 不可 牛肉

1. Paul likes **beef**. 保羅喜歡吃牛肉。

❖ ***beefsteak*** [ˋbif͵stek] 名 牛排
❖ ***meatman*** [ˋmit͵mæn] 名 肉販；屠夫
❖ ***meaty*** [ˋmitɪ] 形 多肉的；似肉的；內容豐富的

0369 □ **chicken** [ˋtʃɪkɪn] 名 可數 (-s) 雞 不可 雞肉

1. There are many **chickens**[可] on the farm.
   農場裡有很多雞。
2. Do you want to have **chicken**[不可] or beef?
   你想要吃雞肉還是牛肉？

❖ ***chicken run*** 養雞場 ❖ ***chickenpox*** [ˋtʃɪkɪnpɑks] 名 水痘

0370 □ **pork** [pork] 名 不可 豬肉

1. I don't eat **pork**. 我不吃豬肉。

0371 □ **steak** [stek] 名 可數 (-s) 不可 豬排；牛排；魚排

1. Would you like to have **steak** for dinner?
   你晚餐想吃牛排嗎？

❖ ***steak house*** 牛排館

Group 041

Disk 2 4

0372 □ **hot dog** [hɑt dɔg] 名 可數 (-s) 熱狗

1. Billy wants to have a **hot dog**. 比利想要吃熱狗。

0373 □ **bread** [brɛd] 名 不可 麵包

1. Please give us some more **bread**.
   請再給我們一些麵包。

❖ ***bread and butter*** 生計；謀生之道

❖ ***breadcrumb*** [ˋbrɛdkrʌmb] 動 烹飪時灑上麵包屑

0374 □ **butter** [ˋbʌtɚ] 名 不可 奶油

1. I like to put some **butter** on the bread.
   我喜歡在麵包上塗奶油。

❖ ***butter knife*** 塗奶油的餐刀
❖ ***buttercream*** [ˋbʌtɚkrim] 名（蛋糕用的）奶油淇淋
❖ ***butterfat*** [ˋbʌtɚ͵fæt] 名 奶乳中的脂肪
❖ ***buttery*** [ˋbʌtərɪ] 名 像奶油的

0375 □ **cheese** [tʃiz] 名 可數 (-s) 不可 乳酪；起士

1. There are many kinds of **cheeses**[可]. 乳酪有很多種。
2. Would you like some **cheese**[不可] for your bread?
   你要來點起士配麵包吃嗎？

❖ ***cheeseburger*** [ˋtʃiz͵bɝgɚ] 名 起士漢堡
❖ ***cheesecake*** [ˋtʃiz͵kek] 名 起士蛋糕

0376 □ **egg** [ɛg] 名 可數 (-s)蛋；雞蛋

1. I need two **eggs** for this cake. 做這個蛋糕我需要兩顆蛋。

❖ ***egg white*** 蛋白 ❖ ***yolk*** [jok] 名 蛋黃

0377 □ **ham** [hæm] 名 不可 火腿

1. I put **ham**[可] in my sandwich. 我在三明治裡放了火腿。
2. Did you have **ham**[不可] for breakfast? 你早餐有吃火腿嗎？

0378 □ **salt** [sɔlt] 名 不可 鹽巴

1. Could you buy some **salt** on your way home?
   你可以在回家的路上買些鹽嗎？

❖ ***salty*** [ˋsɔltɪ] 形 鹹的；含鹽的

0379 □ **sugar** [`ʃʊgɚ] 名 不可 糖

1. How much **sugar** do you want in your coffee?
   你的咖啡要加多少糖？

❖ ***sugar cube*** 方糖 ❖ ***sugary*** [`ʃʊgərɪ] 形 含糖的

0380 □ **oil** [ɔɪl] 名 不可 油

1. You need **oil** when you cook. 烹飪時，你需要油。

❖ ***oily*** [`ɔɪlɪ] 形 含油的；多油的

❖ ***oiled*** [`ɔɪld] 形 塗油的

Group 042

Disk 2

0381 □ **snack** [snæk] 名 可數 (-s) 小吃；點心

1. Would you like to have some **snacks**?
   你想要來些點心嗎？
2. Let's prepare some **snacks**. 我們來準備些點心吧。

0382 □ **cake** [kek] 名 可數 (-s) 不可 蛋糕；糕餅

1. We have different kinds of fruit **cakes**可.
   我們有很多種水果蛋糕。
2. Would you like to have some more **cake**不可?
   你想再來些蛋糕嗎？

0383 □ candy [ˋkændɪ] 名 可數 (-s) 不可 糖果

1. The teacher gave everyone two pieces of **candy**[可].
   老師給了每個人兩顆糖果。
2. Don't eat too much **candy**[不可]! 別吃太多糖果！

❖ ***candy bar*** 單獨包裝的塊狀糖　❖ ***candy cane*** 枴杖糖

0384 □ chocolate [ˋtʃɔkəlɪt] 名 可數 (-s) 巧克力糖；巧克力飲品 不可 巧克力

1. Danny bought me a box of **chocolates**[可].
   丹尼買了一盒巧克力給我。
2. Please give me a hot **chocolate**[可].
   請給我一杯熱巧克力。
3. **Chocolate**[不可] is my favorite flavor.
   巧克力是我最喜歡的口味。

0385 □ cookie [ˋkukɪ] 名 可數 (-s)（美式）餅乾

1. Please help yourself to the **cookies**. 請隨意取用餅乾。
2. We are making **cookies** for the poor.
   我們正在為貧困的人做餅乾。

❖ 英式英語中，餅乾是***biscuit*** [ˋbɪskɪt]。

0386 □ ice cream [aɪs krim] 名 可數 (-s) 不可 冰淇淋

1. Please give me a chocolate **ice cream**[可].
   請給我一個巧克力冰淇淋。
2. Joanne can make **ice cream**[不可]. 瓊安會做冰淇淋。

❖ ***ice cube*** 冰塊 ❖ ***ice milk*** 冰牛奶

0387 □ popcorn [ˋpɑp͵kɔrn] 名 不可 爆米花

1. Let's get some popcorn first. 先去買爆米花吧。
2. How can I make popcorn at home?
   我在家要怎麼做爆米花？

❖ 通常用複數。 ❖ ***corn*** [kɔrn] 名 玉米；小麥；穀物

Group 043

Disk 2

6

0388 □ fruit [frut] 名 可數 不可 水果（單複數同形）

1. Fannie eats a lot of fruit[不可] every day.
   芬妮每天都吃很多水果。
2. They sell different kinds of fruit[可數]. 他們賣各種水果。

❖ ***fruitful*** [ˋfrutfəl] 形 果實多的；收益好的

❖ ***fruitfully*** [ˋfrutfəlɪ] 副 產量多地；富有成效地

0389 □ apple [ˋæpl̩] 名 可數 (-s) 蘋果

1. Bring an apple with you. 帶顆蘋果吧。
2. We have an apple tree in the garden.
   我們的花園裡有一顆蘋果樹。

❖ ***the apple of sb.'s eye*** 掌上明珠

0390 □ **banana** [bə`nænə] 名 可數 (-s) 香蕉

1. **Bananas** are Nick's favorite fruit.
   香蕉是尼克最愛吃的水果。

❖ ***go bananas*** 瘋狂的；激動的

0391 □ **lemon** [`lɛmən] 名 可數 (-s) 檸檬 形 含檸檬的；檸檬色的

1. Would you please bring some **lemons**[名] home?
   請買些檸檬回家好嗎？
2. Danny bought a **lemon**[形]-colored shirt.
   丹尼買了一件檸檬色的襯衫。

❖ ***lemon yellow*** 檸檬黃；淡黃色
❖ ***lemonade*** [͵lɛmə`ned] 名 檸檬水

0392 □ **orange** [`ɔrɪndʒ] 名 可數 (-s) 柳橙 不可 橙色 形 橙色的

1. Father bought a box of **oranges**[可數]. 爸爸買了一箱柳橙。
2. I want to paint my room **orange**[不可]. 我想把房間漆成橘色。
3. Your **orange**[形] shirt looks nice. 你的橘色襯衫很好看。

0393 □ **tomato** [tə`meto] 名 可數 (-es) 番茄；番茄果樹

1. I like red **tomatoes**. 我喜歡紅番茄。
2. We can grow some **tomatoes** on our own.
   我們可以自己種些番茄。

0394 □ **salad** [ˋsæləd] 名 不可 沙拉

1. Let us have some **salad** first. 我們先來用點沙拉吧。

❖ ***salad dressing*** 沙拉醬 ❖ ***salad bowl*** 沙拉碗

0395 □ **vegetable** [ˋvɛdʒətəbl̩] 名 可數 (-s) 蔬菜；青菜

1. Eating more **vegetables** can keep us healthy.
多吃蔬菜能使我們保持健康。

❖ ***vegetarian*** [ˏvɛdʒəˋtɛrɪən] 名 素食者 形 吃素的；素菜的
❖ ***vegetal*** [ˋvɛdʒətl̩] 形 植物的 名 植物；蔬菜

Group 044

Disk 2

7

0396 □ **drink** [drɪŋk] 名 可數 (-s) 飲料 及物 不及 喝

1. Do you want a **drink**[名]? 你想喝飲料嗎？
2. I want to **drink**[及] some ice water. 我想要喝點冰水。
3. Don't **drink**[不及] too fast! 不要喝太快！

❖ ***drinking*** [ˋdrɪŋkɪŋ] 名 喝；喝酒
❖ ***drinkable*** [ˋdrɪŋkəbl̩] 形 可飲用的

0397 □ **coffee** [ˋkɔfɪ] 名 可數 (-s) （一杯）咖啡 不可 咖啡

1. Give us three **coffees**[可], please. 請給我們三杯咖啡。
2. May I have a cup of **coffee**[不可], please?
可以給我一杯咖啡嗎？

❖ ***coffee shop***（美式）＝***coffee bar***（英式）咖啡店

❖ ***coffee break*** 休息時間

0398 □ **Coke** [kok] 名 可數 (-s)（= Coca-Cola）可口可樂

1. Would you like a **Coke**? 你想喝可口可樂嗎？

0399 □ **juice** [dʒus] 名 不可（蔬菜、水果的）汁

1. Joyce drinks a glass of grapefruit **juice** every day.
   喬伊絲每天都喝一杯葡萄柚汁。

❖ ***juiced*** [ˋdʒust] 形 醉倒了的

❖ ***juicy*** [ˋdʒusɪ] 形 多汁的 ❖ ***juiceless*** [ˋdʒuslɪs] 形 無汁的

0400 □ **milk** [mɪlk] 名 不可 牛奶；乳

1. James doesn't like **milk**. 詹姆斯不喜歡喝牛奶。

❖ ***milk chocolate*** 牛奶巧克力 ❖ ***milk product*** 乳製品

❖ ***milkshake*** [ˏmɪlkˋʃek] 形 奶昔

❖ ***milkwhite*** [ˋmɪlkˏhwaɪt] 形 乳白色的

❖ ***milky*** [ˋmɪlkɪ] 形 乳狀的；乳白色的

0401 □ **soup** [sup] 名 不可 湯

1. We would like two bowls of **soups** 可, please.
   請給我們兩碗湯。
2. Can I have some more **soup** 不可? 我可以再來點湯嗎？

0402 □ **tea** [ti] 名 可數 (-s)（一杯）茶 不可 茶；茶葉

1. A **tea** 可 and a coffee, please. 請來一杯茶和一杯咖啡。
2. Johnson made some **tea** 不可 for us. 強森為我們泡了茶。

❖ ***tea bag*** 茶袋；茶包 ❖ ***tea garden*** 茶園；茶葉種植場
❖ ***tea cloth*** 吃茶點用的小檯布；擦拭茶具用之抹布

0403 □ **water** [ˋwɔtɚ] 名不可 水

1. May I have a glass of **water**, please?
請給我一杯水好嗎？

❖ ***watering*** [ˋwɔtərɪŋ] 名 灑水 形 流口水的；落淚的
❖ ***waterproof*** [ˋwɔtɚˏpruf] 名 防水材料 形 防水的
❖ ***watercolor*** [ˋwɔtɚˏkʌlɚ] 名 水彩畫
❖ ***waterfall*** [ˋwɔtɚˏfɔl] 名 瀑布

Group 045

Disk 2 8

0404 □ **bottle** [ˋbɑtl̩] 名可數 (-s) 瓶子；一瓶的容量

1. There is a note in the **bottle**. 瓶子裡有張紙條。
2. Let me get you a **bottle** of beer. 我拿一瓶啤酒給你。

❖ ***bottleful*** [ˋbɑtl̩ˏfʊl] 名 一瓶之量
❖ ***bottled*** [ˋbɑtl̩d] 形 瓶裝的
❖ ***bottle-opener*** [ˋbɑtl̩ ˋopənɚ] 名 開瓶器

0405 □ **bowl** [bol] 名可數 (-s) 碗；一碗之量

1. We need one more **bowl**. 我們還需要一個碗。
2. Kevin asked for another **bowl** of rice.
凱文又要了一碗飯。

0406 □ **chopsticks** [ˋtʃɑp͵stɪks] 名 （常用複數）筷子

1. Can Jack use **chopsticks**? 傑克會用筷子嗎？

0407 □ **cup** [kʌp] 名 可數 (-s) 杯子；一杯之量

1. I collect **cups**. 我收集杯子。
2. Helen wants a **cup** of coffee. 海倫要一杯咖啡。

❖ ***cupboard*** [ˋkʌbɚd] 名 食櫥；廚櫃

❖ ***cupcake*** [ˋkʌp͵kek] 名 杯形糕點

0408 □ **fork** [fɔrk] 名 可數 (-s) 餐叉

1. How many **forks** do we need? 我們需要幾支叉子？

❖ ***forked*** [fɔrkt] 形 叉狀的；分岔的

❖ ***forkful*** [ˋfɔrk͵ful] 名 一叉之量

❖ ***forklike*** [ˋfɔrk͵͵laɪk] 形 像叉一樣的

0409 □ **knife** [naɪf] 名 可數 (-ves) 刀；菜刀

1. I will bring enough **knives** and forks for us.
   我會帶足夠的刀叉。

❖ ***knife-edge*** [ˋnaɪf͵ɛdʒ] 名 刀刃；銳利物

❖ ***knife-edged*** [ˋnaɪf͵ɛdʒd] 形 鋒利的

0410 □ **glass** [glæs] 名 可數 (-s) 玻璃杯；一杯的容量 不可 玻璃

1. That is a beautiful **glass**可. 那真是個漂亮的玻璃杯。
2. May I have a **glass**可 of wine? 可以給我一杯酒嗎？
3. This is made from **glass**不可. 這是玻璃做的。

❖ ***glassful*** [ˋglæsfəl] ㊔ 一杯的容量
❖ ***glassware*** [ˋglæsˏwɛr] ㊔ 玻璃器皿
❖ ***glasswork*** [ˋglæsˏwɝk] ㊔ 玻璃製品
❖ ***glassy*** [ˋglæsɪ] ㊊ 玻璃似的；光亮透明的

0411 □ spoon [spun] ㊔ 可數 (-s) 湯匙；一匙之量

1. Would you please bring me a **spoon**?
   請你拿一個**湯匙**給我好嗎？
2. Shirley put two **spoons** of sugar in the coffee.
   雪莉在咖啡裡加了兩**匙**糖。

❖ ***spoonful*** [ˋspunˏful] ㊔ 一匙（的量）

0412 □ garbage [ˋgɑrbɪdʒ] ㊔ 不可 垃圾；剩菜

1. Can you take out the **garbage**? 你可以把**垃圾**拿出去嗎？
2. What will you do with the **garbage**? 你要怎麼處理**剩菜**？

❖ ***garbage can*** 垃圾箱　❖ ***garbage truck*** 垃圾車
❖ ***garbage man*** 垃圾搬運夫；清潔工

Group 046

Disk 2

0413 □ hungry [ˋhʌŋgrɪ] ㊊ 飢餓的

1. Are you **hungry**? 你**餓**了嗎？

❖ 形容詞變化：***hungrier***, ***hungriest***

❖ ***hunger*** [`hʌŋgɚ] 名 飢餓

❖ ***hungrily*** [`hʌŋgrɪlɪ] 副 飢餓地；渴望地

0414 □ full [fʊl] 形 吃飽的；滿滿的

1. I am **full** and can't eat anymore. 我飽了，再也吃不下了。
2. The park is **full** of people. 公園裡滿滿的都是人。

❖ 形容詞變化：***fuller***, ***fullest*** ❖ ***full of*** 充滿……的

❖ ***fullness*** [`fʊlnɪs] 名 完全；充分

❖ ***fully*** [`fʊlɪ] 副 完全地；徹底地；充分地

0415 □ delicious [dɪ`lɪʃəs] 形 美味的；香噴噴的

1. The fish is really **delicious**! 這魚真是美味極了！

❖ 形容詞變化：***more delicious***, ***most delicious***

❖ ***deliciously*** [dɪ`lɪʃəslɪ] 副 美味地；爽口地

❖ ***deliciousness*** [dɪ`lɪʃəsnɪs] 名 美味；芬芳

0416 □ fresh [frɛʃ] 形 新鮮的；（空氣）清新的

1. Mother buys **fresh** vegetables every day.
   媽媽每天都會買新鮮的蔬菜。
2. What **fresh** air! 空氣真清新！

❖ 形容詞變化：***fresher***, ***freshest***

❖ ***freshly*** [`frɛʃlɪ] 副 最近；新近地

❖ ***freshness*** [`frɛʃnɪs] 名 新鮮

❖ ***freshman*** [`frɛʃmən] 名 （大學等的）一年級；新生

0417 □ **hot** [hɑt] 形 熱的；辣的

1. It is really **hot** today. 今天真熱。
2. This dish is too **hot** for me. 這道菜對我來說太辣了。

❖ 形容詞變化：***hotter, hottest***

❖ ***blow hot and cold*** 搖擺不定

❖ ***hot line*** 電話線路（供緊急時使用）

❖ ***hot dog*** 熱狗 ❖ ***hot spring*** 溫泉

0418 □ **sweet** [swit] 形 味道甜的；甜美的；可愛的；逗人喜愛的

1. I like it **sweet**. 我喜歡這個做成甜的口味。
2. Jenny is a very **sweet** girl. 珍妮是個非常可愛的女孩。

❖ 形容詞變化：***sweeter***, ***sweetest***

❖ ***sweeten*** [ˋswitn̩] 動（使）變甜

❖ ***sweetly*** [ˋswitlɪ] 副 甜蜜地；親切地

❖ ***sweetness*** [ˋswitnɪs] 名 甜美；溫柔

0419 □ **thirsty** [ˋθɝstɪ] 形 口乾的；渴的

1. I feel **thirsty**. 我口渴了。

❖ 形容詞變化：***thirstier***, ***thirstiest***

❖ ***thirst*** [θɝst] 名 口渴 ❖ ***thirstily*** [ˋθɝstɪlɪ] 副 口渴地

Group 047

Disk 2

10

0420 □ cook [kuk] 名 可數 (-s) 廚師 及物 不及 做菜；烹飪

1. Stanley is a good **cook**[名]. 史丹利是位好**廚師**。
2. Jane has learned how to **cook**[及] Italian food.
   珍學過**做**義大利菜。
3. Do you **cook**[不及]? 你下**廚**嗎？

> ❖ 動詞變化：***cooked, cooked, cooking***
> ❖ ***cooking*** [`kukɪŋ] 名 烹調　　❖ ***cooked*** [kukt] 形 煮熟的
> ❖ ***cookbook*** [`kuk͵buk] 名 食譜　❖ ***cooker*** [`kukɚ] 名 烹調器具

0421 □ eat [it] 及物 不及 吃；進食

1. Do you want to **eat**[及] rice or noodles?
   你想**吃**飯還是吃麵？
2. Ben likes to **eat**[不及] and sleep. 班喜歡吃飯和睡覺。

> ❖ 動詞變化：***ate, eaten, eating***
> ❖ ***eatable*** [`itəbl̩] 形 可食用的

0422 □ order [`ɔrdɚ] 及物 不及 點餐

1. George **orders** a glass of tomato juice?
   喬治點了一杯番茄汁嗎？
2. What would you like to **order**? 你想要**點**些什麼？

> ❖ 動詞變化：***ordered, ordered, ordering***
> ❖ ***ordered*** [`ɔrdɚd] = ***orderly*** [`ɔrdɚlɪ] 形 有條理的；整齊的
> ❖ ***out of order*** 發生故障
> ❖ ***in order*** 按順序　　❖ ***in order to*** 爲了

0423 □ taste [test] 名 (-s) 味道 及物 嚐味道 不及 嚐起來

1. This dish has a sweet **taste**[名]. 這道菜有甜味。
2. Hanks **tasted**[及] both cakes. 漢克兩種蛋糕都嚐了。
3. Does it **taste**[不及] good? 這味道嚐起來好嗎？

- ❖ 動詞變化：***tasted, tasted, tasting***
- ❖ ***tasteless*** [`testlɪs] 形 沒味道的；味道差的
- ❖ ***tastelessly*** [`testlɪslɪ] 副 無味地
- ❖ ***have a taste for*** 愛好
- ❖ ***taste of*** 有……味

0424 □ bite [baɪt] 名 可數 (-s) 咬；一口之量 及物 咬

1. Take a **bite**[名] of this chocolate. It is delicious.
   來一口巧克力吧，這很好吃。
2. The dog **bit**[及] Susan yesterday. 那隻狗昨天咬了蘇珊。

- ❖ 動詞變化：***bit, bit/bitten, biting***
- ❖ ***bite off*** 咬掉
- ❖ ***bite-sized*** [`baɪtsaɪzd] 形 很小的；可以一口吃下的

練習題 Exercise 8

☞Ans. p.378

1 看圖填充：請填上正確的食物及餐具名稱。

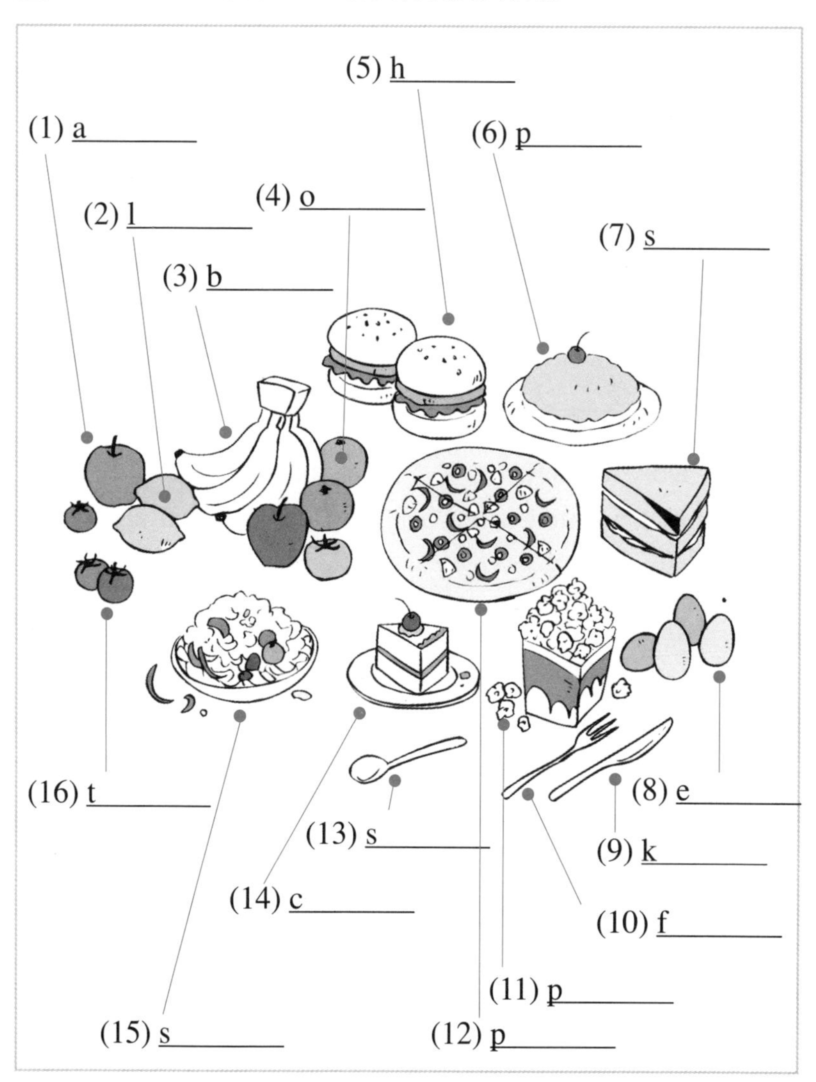

2 填字遊戲

						b.1	R		N				
				2.		E						d.	
		a.											
3.		O				I			c.				
									4.	A		E	
		T							E				
5.	A		T						7.	A		A	
			6.	E		U							
						8.	T		A				

✪ 雙線標示，表示單字字尾的最後一格。

Across

1. Do you want to ________ some apple juice?
2. Jack wanted to get some _____ air, and he walked out.
3. I don’t like to use a fork. Can I have ________?
4. I don’t want to drink juice. Mineral _________ is fine.
5. The soup tastes like water. You should put some ________ in it.
6. What is your “Today’s Special” on the _________?
7. Peter doesn’t ______ meat. He is a vegetarian.
8. Lisa ordered a ________, and Daniel ordered pork.

Down

a. How many ________ of wine did you buy?

b. This chicken is so ________. May I have some more?

c. I like ________ food, especially chocolate cake.

d. Don't just eat meat. The ________ is also good for you.

3 選擇題

1. Can I have a glass of water? I am _____.
   (a) hungry (b) full (c) delicious (d) thirsty
2. If you are hungry, you can have a _____ of my sandwich.
   (a) full (b) bite (c) taste (d) cook
3. John is so _____ that he could eat a cow.
   (a) hungry (b) thirsty (c) full (d) angry
4. This pie _____ so delicious!
   (a) eats (b) bites (c) tastes (d) orders
5. I am too _____ to eat anymore.
   (a) hungry (b) sweet (c) thirsty (d) full

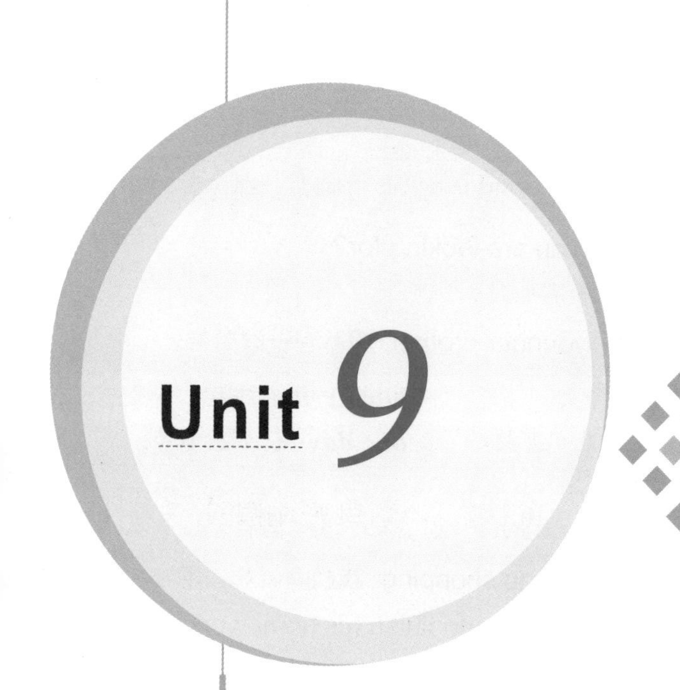

Numbers

數字

Group 048

Disk 2 11

0425 □ one [wʌn] 名一；一個 形一個的

1. Is this the one[名] you are looking for?
這是不是你在找的那一個？
2. Ruth has one[形] younger brother. 露絲有一個弟弟。

❖ ***one and all*** 全部
❖ ***one by one*** 一個一個地
❖ ***one another*** 彼此；互相
❖ ***one day*** 某一天

0426 □ two [tu] 名二；兩個 形兩個的

1. Two[名] of us want to go shopping. 我們兩個想去購物。
2. George took two[形] hours to finish his homework.
喬治花了兩個鐘頭寫完功課。

❖ ***one or two*** 幾個
❖ ***two-faced*** [ˋtuˋfest] 形雙面的；表裡不一的
❖ ***two-sided*** [ˋtuˋsaɪdɪd] 形兩面的；兩邊的

0427 □ three [θri] 名三；三個 形三個的

1. Count to three[名] and open your eyes.
數到三就張開眼睛。
2. There are three[形] apple trees in the garden.
花園裡有三棵蘋果樹。

0428 □ four [for] 名四；四個 形四個的

1. Four[名] is an unlucky number to Chinese.
四對中國人來說是不吉利的數字。

2. There are **four**形 children playing in the park.
有四個小孩在公園裡玩。

0429 □ **five** [faɪv] 名五；五個 形五個的

1. Two-year-old Jessie can count one to **five**.
兩歲的潔西會從一數到五名。
2. Please just wait for another **five**形 minutes and I will be ready. 請再等我五分鐘，我馬上就好了。

❖ ***Give me five!*** 兩人手掌互擊，表示問候或慶祝。

0430 □ **six** [sɪks] 名六；六個 形六個的

1. "How many apples did you buy?" "**Six**名."
「你買了幾個蘋果？」「六個。」
2. Susan bought **six**形 books today. 蘇珊今天買了六本書。

0431 □ **seven** [ˋsɛvən] 名七；七個 形七個的

1. **Seven**名 is a lucky number to Americans.
七對美國人來說是個幸運數字。
2. Josh has **seven**形 watches. 喬許有七只手錶。

0432 □ **eight** [et] 名八；八個 形八個的

1. Ivy wears the number **eight**名 on our basketball team.
艾薇在我們的籃球隊裡是八號。
2. My little brother is **eight**形 years old this year.
我弟弟今年八歲。

0433 □ **nine** [naɪn] 名九；九個 形九個的

1. You can dial **nine**名 to make a phone call from the hotel.
   你按九就可以從旅館裡打電話出去。
2. We need **nine**形 more glasses for the party.
   我們的派對還需要九個杯子。

0434 □ **ten** [tɛn] 名十；十個 形十個的

1. Four and six are **ten**名 四加六等於十。
2. There are **ten**形 boys in the class. 班上有十個男生。

Group 049

Disk 2

0435 □ **eleven** [ɪˋlɛvn̩] 名十一；十一個 形十一個的

1. The bookstore will be open at **eleven**名 in the morning.
   書店早上 11 點開始營業。
2. I have collected **eleven**形 beautiful candles.
   我已經收集了 11 個漂亮的蠟燭。

0436 □ **twelve** [twɛlv] 名十二；十二個 形十二個的

1. **Twelve**名 makes a dozen. 12 個是一打。
2. Mark has a **twelve**形 -year-old sister.
   馬克有個 12 歲的妹妹。

0437 □ thirteen [θɝ`tin] 名十三；十三個 形十三個的

1. **Thirteen**名 is an unlucky number to Americans.
   13 對美國人來說是不吉利的數字。
2. Jack is going to be **thirteen**形 years old next month.
   傑克下個月就要滿 13 歲了。

> ❖ 在 *11* 到 *20* 間的數字裡，除了 *11* 與 *12* 外，其他的單字結尾都有 ***-teen***，相當容易記憶。

0438 □ fourteen [`for`tin] 名十四；十四個 形十四個的

1. Please turn to page **fourteen**名 請翻到第 14 頁。
2. We need **fourteen**形 spoons. 我們需要 14 支湯匙。

0439 □ fifteen [`fɪf`tin] 名十五；十五個 形十五個的

1. **Fifteen**形 minutes makes a quarter. 15 分鐘是一刻鐘。

0440 □ sixteen [sɪks`tin] 名十六；十六個 形十六個的

1. There are **sixteen**形 shops on this street.
   這條街上有 16 家商店。

0441 □ seventeen [ˏsɛvn̩`tin] 名十七；十七個 形十七個的

1. This book cost Bob **seventeen**形 dollars.
   這本書花了鮑伯 17 美元。

0442 □ eighteen [`e`tin] 名十八；十八個 形十八個的

1. You can learn to drive when you are **eighteen**形 years old. 你 18 歲的時候就可以學開車了。

0443 □ **nineteen** [ˋnaɪnˋtin] 名十九；十九個 形十九個的

1. Lisa is going to be **nineteen**形 this month.
莉莎這個月就要 19 歲了。

Group 050

Disk 2

0444 □ **twenty** [ˋtwɛntɪ] 名二十；二十個 形二十個的

1. Frank moved out when he was **twenty**形 years old.
法蘭克在 20 歲的時候搬出去住了。

> ❖ 英文*20, 30, 40,…90* 等整數的數字結尾都是 ***-ty***。要表示 *21-29*，只要在 *twenty* 後加上 *one, two,…nine* 等即可。

0445 □ **thirty** [ˋθɜtɪ] 名三十；三十個 形三十個的

1. Kelly wants to get married when she is **thirty**形.
凱莉希望 30 歲時結婚。

0446 □ **forty** [ˋfɔrtɪ] 名四十；四十個 形四十個的

1. Yesterday my dad met an old friend that he had not seen for **forty**形 years.
昨天爸爸遇到一個 40 年沒見的老朋友。

0447 □ **fifty** [ˋfɪftɪ] 名五十；五十個 形五十個的

1. We prepared **fifty**形 bottles of Coke for the party.
我們為派對準備了 50 瓶的可口可樂。

0448 □ **sixty** [ˋsɪkstɪ] 名六十；六十個 形六十個的

1. There are **sixty**形 people in my class.
我的班上有 60 個人。

0449 □ **seventy** [ˋsɛvn̩tɪ] 名七十；七十個 形七十個的

1. Gina spent **seventy**形 dollars on a gift for her mother.
吉娜花了 70 美元買禮物給媽媽。

0450 □ **eighty** [ˋetɪ] 名八十；八十個 形八十個的

1. My grandfather will be **eighty**形 years old this month.
我外公這個月就要滿 80 歲了。

0451 □ **ninety** [ˋnaɪntɪ] 名九十；九十個 形九十個的

1. There are a total of **ninety**形 students in this school.
這所學校裡共有 90 個學生。

Group 051

Disk 2

14

0452 □ **first** [fɝst] 形第一的；最早的 副首先

1. When will the **first**形 bus come? 最早一班公車什麼時候來？
2. We need to wash the vegetables **first**副.
我們要先把蔬菜洗乾淨。

❖ ***at first*** 起先 ❖ ***first of all*** 第一；首先
❖ ***firsthand*** [ˋfɝstˋhænd] 形 第一手的；直接的

0453 □ **second** [ˋsɛkənd] 形 第二的 名 可數 (-s)（時間的）秒；第二名 副 第二；居第二位

1. English is Jane's **second**[形] language.
   英語是珍的第二外語。
2. There are sixty **seconds**[名] in a minute. 一分鐘有 60 秒。
3. Who came in **second**[副] in the basketball game?
   籃球比賽中誰居第二？

❖ ***secondary*** [ˋsɛkən͵dɛrɪ] 形 第二的；次要的
❖ ***second-hand*** [ˋsɛkəndhænd] 形 二手的；用過的
❖ ***secondly*** [ˋsɛkəndlɪ] 副 第二；其次

0454 □ **third** [θɝd] 形 第三的

1. Joyce won the **third** prize in the speech contest.
   喬伊絲在演講比賽中得了第三名。

0455 □ **fourth** [forθ] 形 第四的

1. What is the **fourth** letter in "beautiful"?
   「beautiful」的第四個字母是什麼？

0456 □ **fifth** [fɪfθ] 形 第五的

1. Carol has always wanted to go to **Fifth** Avenue in New York. 卡蘿一直都想要去紐約的第五大道。

0457 □ **sixth** [sɪksθ] ㊊ 第六的；第六個的

1. You are the **sixth** person that has asked me to go shopping today. 你是今天第六個找我去逛街的人。

0458 □ **seventh** [ˋsɛvn̩θ] ㊊ 第七的；第七個的

1. What is the **seventh** number in your phone number? 你的電話號碼中第七個數字是什麼？

0459 □ **eighth** [etθ] ㊊ 第八的；第八個的

1. Can you see the **eighth** word? 你看得到第八個字嗎？

0460 □ **ninth** [naɪnθ] ㊊ 第九的；第九個的

1. Ruby bought an apartment on the **ninth** floor. 露比買下了九樓的公寓。

0461 □ **tenth** [tɛnθ] ㊊ 第十的；第十個的

1. Stanley is the **tenth** student to participate in the sports contest. 史丹利是第十位報名參加運動比賽的學生。

0462 □ **last** [læst] ㊊ 最後的

1. Who was the **last** person to leave the house? 誰最後離開屋子的？

❖ ***lastly*** [ˋlæstlɪ] ㊖ 最後；最終地
❖ ***lasting*** [ˋlæstɪŋ] ㊊ 持久的；耐久的
❖ ***lastingly*** [ˋlæstɪŋlɪ] ㊖ 持久地；耐久地
❖ ***last-minute*** [ˋlæstˋmɪnɪt] ㊊ 最後的
❖ ***last but not least*** 最後但並非最不重要的（一點）
❖ ***last year*** 去年；前年 ❖ ***at last*** 終於

Group 052

Disk 2 15

0463 □ **hundred** [ˋhʌndrəd] 名 可數 (-s) 一百；許多 形 一百個的

1. **Hundreds**名 of people were in the parade.
   遊行隊伍裡有很多人。
2. Jenny borrowed a **hundred**形 dollars from Lisa.
   珍妮向莉莎借了一百美元。

0464 □ **thousand** [ˋθaʊzn̩d] 名 可數 (-s) 一千；無數 形 一千個的；無數個的

1. **Thousands**名 of people travel to Hong Kong every year.
   每年有無數的人到香港旅遊。
2. I have told him this a **thousand**形 times.
   我已經告訴過他無數次了。

0465 □ **million** [ˋmɪljən] 名 可數 (-s) 百萬元；百萬；無數 形 百萬的；無數的

1. That short rich man earns **millions**名 every year.
   那個矮個子的有錢人每年賺進好幾百萬元。
2. A **million**形 people live in this city.
   這個城市裡住了一百萬人。

❖ ***millionaire*** [͵mɪljəˋnɛr] 名 百萬富翁

0466 □ **count** [kaʊnt] 不及 計算；數

1. Can Lily **count** from one to a hundred?
莉莉會從一數到一百嗎？

❖ 動詞變化：***counted, counted, counting***
❖ ***count for nothing*** 沒有價值 ❖ ***count in*** 把……算入

0467 □ **number** [ˋnʌmbɚ] 名 可數 (-s) 數字；號碼

1. Five is my lucky **number**. 五是我的幸運數字。
2. May I have your phone **number**?
可以給我你的電話號碼嗎？

0468 □ **half** [hæf] 名 可數 (-s) 一半 形 一半的

1. May I have **half**名 of the cake? 那蛋糕我可以吃一半嗎？
2. Tommy spent a **half**形 year touring England.
湯米花了半年的時間在英國旅行。

0469 □ **dozen** [ˋdʌzn̩] 名 可數 (-s) 一打；十二個

1. We need to buy three **dozen** cans of beer.
我們需要買三打啤酒。

❖ ***dozenth*** [ˋdʌzn̩θ] 形 第 *12* 的 ❖ ***dozens of*** 許多

0470 □ **all** [ɔl] 形 所有的；一切的 代 一切；全部

1. Brenda has finished **all**形 her homework.
布蘭達已經做完了她所有的作業。
2. **All**代 of us like to go mountain climbing.
我們都喜歡爬山。

❖ ***above all*** 最重要的；尤其	❖ ***after all*** 畢竟；到底
❖ ***all over*** 到處	❖ ***all right*** 好的；正確的
❖ ***all together*** 一起	❖ ***at all*** 完全；絲毫
❖ ***in all*** 總共	❖ ***not at all***一點也不；別客氣

練習題 Exercise 9

☞Ans. p.378

1 看圖填充

(1) Josh has _____ children.

(2) I am _____ this year.

(3) My brother is _____ years old.

(4) _____ is my grade in English.

(5) What is the _____ number?

(6) Please give me a _____ eggs.

(7) Who finished the test _____?

(8) A____ of us are boys.

(9) Anne ran _____.

(10) I have a _____ dollars.

2 填字遊戲

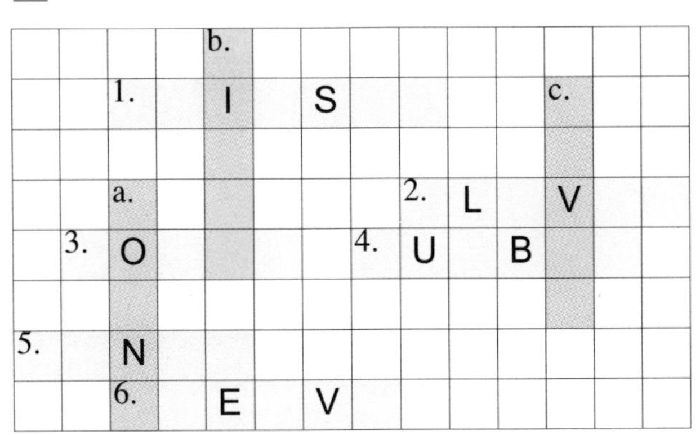

Across

1. Can I drink some tea? I am ______.
2. If you subtract one from a dozen, you get _______.
3. My mother gave birth to me when she was twenty-five. Now I am fifteen, and she is _______.
4. Jessica wants to be ______ one in everything.
5. The _____ letter from A to Z is I.
6. How many is a dozen? ______.

Down

a. Five-year old Tommy can _____ from one to a hundred.

b. Four and four are ________.

c. There are _____ days in a week.

3 拼字組合

1. lionlim m_______　2. rtythi t_______　3. ruthof f_______

4. tyevens s_______　5. eelvne e_______

Time and Date

時間與日期

Group 053

Disk 2

16

0471 □ **time** [taɪm] 名 不可 時間；時刻

1. Do you have enough **time**? 你有足夠的時間嗎？
2. What **time** is it? 現在幾點？

❖ ***all the time*** 一直以來 ❖ ***at any time*** 在任何時候
❖ ***at one time*** 曾經；一度 ❖ ***at the same time*** 同時
❖ ***for the time being*** 暫時 ❖ ***have a good time*** 玩得愉快

0472 □ **minute** [ˋmɪnɪt] 名 可數 (-s) 一會；分鐘

1. Just a **minute**! 等一下！
2. Tim left five **minutes** ago. 提姆五分鐘前走了。

❖ ***in a minute*** 立即 ❖ ***not for a minute*** 決不；沒有

0473 □ **hour** [aʊr] 名 可數 (-s) 小時

1. How many **hours** do you work every day?
你每天工作幾小時？

0474 □ **o'clock** [əˋklɑk] 副 ……點鐘

1. It is five **o'clock** in the afternoon. 現在是下午五點鐘。

0475 □ **watch** [wɑtʃ] 名 可數 (-s) 錶 不及 注視；觀看

1. Do you like the **watch** 名 your father gave you?
你喜歡你爸爸送你的手錶嗎？
2. David doesn't play basketball, but he likes to **watch** 不及.
大衛不打籃球，但是他喜歡看籃球賽。

❖ 動詞變化：***watched, watched, watching***

❖ ***watchmaker*** [ˋwɑtʃ͵mekɚ] ㊔ 鐘錶匠

❖ ***watchband*** [ˋwɑtʃ͵bænd] ㊔ 錶帶

❖ ***watchful*** [ˋwɑtʃfəl] ㊊ 警戒的；注意的

❖ ***watch for*** 等待 ❖ ***watch over*** 照管

❖ ***watch out*** 小心 ❖ ***watch one's step*** 留心腳下

0476 □ **clock** [klɑk] 名 可數 (-s) 時鐘

1. The **clock** is broken. 這鐘壞了。

0477 □ **a.m.** 縮 上午

1. It's six **a.m.** now. 現在是早上六點鐘。

0478 □ **p.m.** 縮 下午

1. I will meet you at 3 **p.m.** tomorrow. 明天下午三點見。

Group 054

Disk 2

0479 □ **morning** [ˋmɔrnɪŋ] 名 可數 (-s) 不可 早晨；上午

1. Linda and I always take a walk on Sunday **mornings**可.
   琳達和我星期天早上都會一塊去散步。
2. Good **morning**不可. 早安。

0480 □ **noon** [nun] 名 不可 正午；中午

1. Are you going out with us at **noon**?
   你中午要和我們一起出去嗎？

0481 □ **afternoon** [ˏæftɚˋnun] 名 可數 (-s) 不可 下午

1. Josh plays basketball on Saturday **afternoons** 可.
   喬許星期六下午都會打籃球。
2. Where are you going in the **afternoon** 不可?
   你下午要去哪裡？

0482 □ **evening** [ˋivnɪŋ] 名 可數 (-s) 不可 傍晚；晚上

1. What a wonderful **evening** 可! 多美好的夜晚啊！
2. We will go out to see a movie in the **evening** 不可.
   我們晚上會出去看電影。

❖ ***evening dress*** 晚禮服	❖ ***evening paper*** 晚報

0483 □ **night** [naɪt] 名 可數 (-s) 不可 夜晚；晚上

1. It is a beautiful **night** 可. 這真是個美麗的夜晚。
2. I am going to bed now. Good **night** 不可.
   我要去睡了，晚安。

❖ ***all night (long)*** 整晚	❖ ***at night*** 在夜間
❖ ***in the night*** 在夜裡	❖ ***night and day*** 日以繼夜地

0484 □ **eve** [iv] 名 不可 前夕；前夜

1. We had a surprise party on the **eve** of Susan's birthday.
   我們在蘇珊生日的前夕辦了個驚喜派對。

0485 □ **tonight** [tə`naɪt] 名 不可 今晚 副 在今晚

1. **Tonight** 名 is windy. 今晚的風很大。
2. Would you please have dinner with me **tonight** 副?
   今晚可以請你和我一起用餐嗎？

Group 055

Disk 2

18

0486 □ **day** [de] 名 可數 (-s) 一天；日

1. There are twenty-four hours in a **day**.
   一天有 24 小時。
2. What **day** is today? 今天是哪一天？（＝今天星期幾？）

❖ ***day off*** 休息日	❖ ***day after day*** 日復一日地
❖ ***day and night*** 日日夜夜	❖ ***day by day*** 一天天地
❖ ***every other day*** 每隔一天	❖ ***from day to day*** 天天

0487 □ **week** [wik] 名 可數 (-s) 週；一星期

1. How many days do you work in a **week**?
   你一週工作幾天？
2. We moved into a new apartment last **week**.
   我們上星期搬到新公寓去住。

> ❖ ***weekday*** [`wik͵de] 名 平日；工作日
>
> ❖ ***weekly*** [`wiklɪ] 形 每週一次的 副 每週；每週一次

0488 □ **month** [mʌnθ] 名 可數 (-s) 月；一個月的時間

1. Robert is leaving for Japan next **month**.
   羅伯下個月要去日本。
2. I have not heard from Sally for **months**.
   我有好幾個月沒收到莎莉的消息了。

0489 □ **year** [jɪr] 名 可數 (-s) 年；一年

1. In what **year** were you born? 你是哪一年出生的？

❖ ***year after year*** 年復一年 ❖ ***year by year*** 每一年
❖ ***yearly*** [ˋjɪrlɪ] 形 每年的 副 每年；一年一度

0490 □ **yesterday** [ˋjɛstɚde] 名 不可 副 昨天

1. **Yesterday**[名] was my birthday. 昨天是我的生日。
2. We went to see the movie **yesterday**[副].
   我們昨天去看了那部電影。

0491 □ **today** [təˋde] 名 不可 副 今天

1. **Today**[名] is George's birthday. 今天是喬治的生日。
2. What is your plan **today**[副]? 你今天有什麼計畫？

0492 □ **tomorrow** [təˋmɔro] 名 不可 副 明天

1. **Tomorrow**[名] is the fifteenth. 明天是 15 號。
2. We are going to visit Judy **tomorrow**[副].
   我們明天要去拜訪茱蒂。

Group 056

Disk 2

19

0493 □ **Monday** [ˋmʌnde] 名 可數 (-s) 星期一

1. People usually don't feel like working on **Monday**.
   人們通常在星期一時會不想去上班。

0494 □ **Tuesday** [ˋtjuzde] 名 可數 (-s) 星期二

1. Mandy has a dancing class on **Tuesday** evening.
   曼蒂星期二晚上有舞蹈課。

0495 □ **Wednesday** [ˋwɛnzde] 名 可數 (-s) 星期三

1. Are you going to the concert on **Wednesday**?
   星期三的演唱會你要去嗎？

0496 □ **Thursday** [ˋθɝzde] 名 可數 (-s) 星期四

1. Will you come to the party on **Thursday**?
   星期四的派對你會來嗎？

0497 □ **Friday** [ˋfraɪˏde] 名 可數 (-s) 星期五

1. Benson and I have a date on **Friday** night.
   班森和我星期五晚上有約會。

0498 □ **Saturday** [ˋsætɚde] 名 可數 (-s) 星期六

1. We will clean the house on **Saturday**.
   我們星期六會打掃房子。

0499 □ **Sunday** [ˋsʌnde] 名 可數 (-s) 星期日

1. Lisa will come to visit us this **Sunday**.
   麗莎這星期天會來看我們。

0500 □ **weekend** [ˋwikˋɛnd] 名 可數 (-s) 週末

1. Do you have any plans for the **weekend**?
   你週末有什麼計畫嗎？

❖ ***weekly*** [ˋwiklɪ] 形 每週一次的 副 每週；每週一次 名 週刊；週報

❖ ***weeknight*** [ˋwiknaɪt] 名 週日夜晚；工作日夜晚

Group 057

Disk 2 20

0501 □ **January** [ˋdʒænjʊˏɛrɪ] 名 一月

1. Jimmy was born in **January**. 吉米是一月出生的。

0502 □ **February** [ˋfɛbrʊˏɛrɪ] 名 二月

1. Chinese New Year is usually in **February**.
   中國（的農曆）新年通常是在二月。

0503 □ **March** [martʃ] 名 三月

1. Flora likes the weather in **March**.
   佛蘿菈喜歡三月份的天氣。

0504 □ **April** [ˋeprəl] 名 四月

1. Is Easter in **April**? 復活節是在四月嗎？

0505 □ **May** [me] 名 五月

1. You can see many beautiful flowers in **May**.
你可以在五月看到許多美麗的花朵。

0506 □ **June** [dʒun] 名 六月

1. Philip will graduate from college this **June**.
菲力普今年六月將從大學畢業。

0507 □ **July** [dʒu`laɪ] 名 七月

1. The weather gets hot in **July**.
到了七月，天氣就漸漸熱了起來。

0508 □ **August** [`ɔgəst] 名 八月

1. Father's Day in Taiwan is in **August**.
台灣的父親節是在八月。

0509 □ **September** [sɛp`tɛmbɚ] 名 九月

1. Amy will travel to the U.S. in **September**.
艾咪九月要去美國旅遊。

0510 □ **October** [ɑk`tobɚ] 名 十月

1. In **October** Richard and I will have known each other for two years. 到今年十月，李察和我就互相認識兩年了。

0511 □ **November** [no`vɛmbɚ] 名 十一月

1. Mark and Tony were both born in **November**.
馬克和湯尼兩人都是 11 月出生的。

Unit 10 時間與日期

Group 057

0512 □ **December** [dɪˋsɛmbɚ] 名 十二月

1. **December** is my favorite month.
   12 月是我最喜歡的月份。

Group 058

Disk 2

21

0513 □ **season** [ˋsizn̩] 名 可數 (-s) 季節

1. There are four **seasons** in a year. 一年有四季。

❖ ***seasonal*** [ˋsizənəl] 形 季節（性）的
❖ ***seasonally*** [ˋsizn̩əlɪ] 副 季節性地；週期性的
❖ ***seasonable*** [ˋsizənəbl̩] 形 應時的；合於時宜的
❖ ***seasonably*** [ˋsizənəblɪ] 副 合時令地；適時地

0514 □ **spring** [sprɪŋ] 名 可數 (-s) 不可 春季；春天

1. **Spring** is my favorite season. 春天是我最喜愛的季節。

0515 □ **summer** [ˋsʌmɚ] 名 可數 (-s) 不可 夏季；夏天

1. Ruby likes to go swimming in the **summer**.
   露比夏天時喜歡去游泳。

❖ ***summer camp*** 夏令營 ❖ ***summer time*** 夏令
❖ ***summer holidays*** 暑期；暑假（英式英語）
❖ ***summer vacation*** 暑假（美式英語）

❖ ***summer school*** 暑期學校；暑期講習會

❖ ***summer house*** 避暑別墅；涼亭

0516 □ **autumn, fall** [`ɔtəm] [fɔl] 名 可數 (-s) 不可 秋天

1. The forest will become red in the **fall**.
   這片森林在秋天時會變成紅色。
2. **Autumn** is Lucy's favorite season.
   秋天是露西最愛的季節。

❖ ***autumn*** 是美式用法，***fall*** 是美式用法。

0517 □ **winter** [`wɪntɚ] 名 可數 (-s) 不可 冬季；冬天

1. Our children are looking forward to snow in **winter**.
   孩子們期盼著冬天會下雪。

Group 059

Disk 2

22

0518 □ **date** [det] 名 可數 (-s) 日期；約會

1. What **date** is today? 今天是幾月幾號？
2. I have a **date** with Chris tonight. 我今晚和克里斯有約會。

❖ ***out of date*** 過時的　　❖ ***to date*** 迄今

❖ ***up to date*** 最新的　　❖ ***date of birth*** 出生日期

0519 □ **birthday** [ˋbɝθ͵de] 名 可數 (-s) 生日；誕生的日子

1. When is your **birthday**? 你的生日是什麼時候？
2. July fifteenth is my **birthday**. 我的生日是 7 月 15 日。

❖ ***birth*** [bɝθ] 名 出生；誕生

❖ ***birthplace*** [ˋbɝθ͵ples] 名 出生地

0520 □ **holiday** [ˋhɑlə͵de] 名 可數 (-s) 節日；假期

1. Next Monday is a **holiday**. 下星期一是假日。

0521 □ **vacation** [veˋkeʃən] 名 可數 (-s) 不可 假期

1. Students are on **vacation** in the summer.
   學生夏天時都在放假。

❖ 表示「假期」時，英式用法爲***holidays***。

❖ ***spring vacation*** 春假

❖ ***summer vacation*** 暑假

❖ ***winter vacation*** 寒假

0522 □ **festival** [ˋfɛstəvl̩] 名 可數 (-s) 節日；節慶

1. Do you know the story of Dragon Boat **Festival**?
   你知道端午節的由來嗎？

❖ ***festive*** [ˋfɛstɪv] 形 節日的；喜慶的

❖ ***festivity*** [fɛsˋtɪvətɪ] 名 慶典；慶祝活動

0523 □ **Christmas** [ˋkrɪsməs] 名 不可 聖誕節

1. Mike can't sleep on **Christmas** Eve.
   麥克在聖誕節前夕睡不著。

❖ ***Christmas card*** 聖誕卡 ❖ ***Christmas carol*** 聖誕頌歌
❖ ***Christmas Day*** 聖誕節 ❖ ***Christmas tree*** 聖誕樹

0524 □ celebrate [ˋsɛlə͵bret] 及物 不及 慶祝

1. Jessica bought a cake to **celebrate**[及] my birthday.
   潔西卡買了一個蛋糕**慶祝**我的生日。
2. Let's go **celebrate**[不及]! 我們去**慶祝**吧！

❖ 動詞變化：***celebrated, celebrated, celebrating***
❖ ***celebration*** [͵sɛləˋbreʃən] 名 慶祝；慶祝活動

0525 □ gift [gɪft] 名 可數 (-s) 禮品；天賦

1. Open up the **gift** and see what I got you.
   打開**禮物**看看我送給你什麼。
2. Paul has a **gift** for language. 保羅有語言天分。

❖ ***gift shop*** 禮品店 ❖ ***gifted with*** 有……的天賦、才能
❖ ***gifted*** [ˋgɪftɪd] 形 有才能的；有天賦的

0526 □ present [ˋprɛzn̩t] 名 可數 禮物；贈品

1. Hank bought me a **present** when he was in Singapore.
   漢克在新加坡時買了個**禮物**給我。

Group 060

Disk 2

23

0527 □ past [pæst] 名過去 形過去的 介經過；通過

1. In the **past**名, I always went to that park with my grandfather. 在過去，我常和外公去那個公園裡。
2. David has worked very hard for the **past**形 few years. 大衛過去幾年工作非常努力。
3. It is ten **past**介 one. 現在是一點過十分。

0528 □ future [`fjutʃɚ] 名將來；未來

1. Donna wants to be a singer in the **future**. 唐娜將來想當一名歌手。

❖ ***future tense*** 未來式

❖ ***futureless*** [`fjutʃɚlɪs] 形沒有前途的

0529 □ before [bɪ`for] 連介在……之前 副以前

1. Vicky had left **before**連 I got there. 維琪在我到那裡之前就已經走了。
2. There are only two days left **before**介 Christmas. 在聖誕節來臨前還有兩天。
3. I have never tried this food **before**副. 我以前都沒吃過這種食物。

❖ ***before long*** 不久之後

❖ ***beforehand*** [bɪ`for͵hænd] 形事先準備好的 副預先；事先

0530 □ **after** [ˋæftɚ] 連 介 在……之後

1. Kevin can watch TV **after**連 he finishes his homework.
凱文做完功課後就可以看電視。
2. Susan finished her degree **after**介 three years of hard work. 辛苦了三年後，蘇珊拿到了學位。

❖ ***after all*** 畢竟；究竟 ❖ ***after you*** 請你先

0531 □ **ago** [əˋgo] 副 在……之前

1. Joseph went to work five minutes **ago**.
約瑟五分鐘前上班去了。

0532 □ **since** [sɪns] 連 從……至今 介 自……以來

1. It has been three months **since**連 the last time we met.
從我們上次見面到現在，已經有三個月了。
2. Judy has been learning to play the piano **since**介 last year. 茱蒂從去年以來便一直在學鋼琴。

0533 □ **until** [ənˋtɪl] 連 在……之前 介 到……為止；直到……時

1. Vincent didn't go to work **until**連 he felt better.
文森直到身體好了一點之後才去上班。
2. Steve didn't come home **until**介 midnight.
史蒂夫直到半夜才回家。

0534 □ **now** [naʊ] 名 不可 現在；此刻 副 現在；目前

1. **Now**名 is the time to talk to him.
現在正是和他談談的時候。

2. Can I talk to you **now**副? 我現在可以和你談談嗎？

❖ ***from now on*** 從現在開始	❖ ***just now*** 剛才；現在
❖ ***nowadays*** [ˋnaʊə͵dez] 副名 當今；時下	

0535 □ then [ðɛn] 名不可 那時；當時 副 然後；接著

1. We all waited for Maggie till **then**名.
   我們全都在等瑪姬，一直等到那時。
2. **Then**副 what happened? 然後發生了什麼事？

❖ ***by then*** 到那時	❖ ***from then on*** 從那時開始
❖ ***since then*** 從那時以來	❖ ***then what*** 然後怎麼辦

0536 □ moment [ˋmomənt] 名可數 (-s) 瞬間；片刻

1. Just a **moment**. I will be right back.
   等一下，我馬上回來。

❖ ***at any moment*** 隨時地	❖ ***at the moment*** 此刻；當時
❖ ***in a moment*** 立即	❖ ***for the moment*** 暫時；目前

0537 □ later [ˋletɚ] 副 後來；較晚地

1. I will see you **later**. 待會見。

0538 □ during [ˋdjʊrɪŋ] 介 在……期間內

1. **During** the summer vacation, Ken worked in a camera shop. 在暑假期間，肯在一家照相館工作。

Group 061

Disk 2 24

0539 □ **already** [ɔl`rɛdɪ] 副 已經

1. I **already** bought some vegetables.
   我已經買了一些青菜。

0540 □ **yet** [jɛt] 副 已經（用於疑問詞）；還沒（用於否定句）

1. Have you had your dinner **yet**? 你吃過晚飯了嗎？
2. Sarah has not cleaned her room **yet**.
   莎拉還沒打掃她的房間。

0541 □ **still** [stɪl] 副 仍然；仍舊

1. Nick **still** wants to marry May no matter what the others say. 不管別人怎麼說，尼克仍然想要和梅結婚。

0542 □ **seldom** [`sɛldəm] 副 幾乎不；很少

1. Emma **seldom** misses classes. 艾瑪很少缺課。

0543 □ **once** [wʌns] 副 一次；曾經

1. Linda goes swimming **once** a week.
   琳達一星期游泳一次。
2. Jenny was **once** a worker in that company.
   珍妮曾是那家公司的員工。

❖ ***once in a while*** 偶爾
❖ ***once more*** = ***once again*** 再一次
❖ ***all at once*** 突然　❖ ***at once*** 立即；馬上

0544 □ **again** [ə`gɛn] 副 再一次

1. Would you please say that **again**?
可以請你再說一次嗎？

0545 □ **always** [`ɔlwez] 副 總是；經常

1. Lora **always** reads a book before she goes to bed.
蘿菈睡前總是會看點書。

0546 □ **usually** [`juʒuəlɪ] 副 通常地；慣常地

1. What do you **usually** do when you have free time?
你沒事的時候通常會做些什麼？

0547 □ **often** [`ɔfən] 副 時常；往常

1. Jimmy **often** falls asleep in English class.
吉米上英文課時常打瞌睡。
2. How **often** do you exercise? 你多久運動一次？

0548 □ **sometimes** [`sʌm͵taɪmz] 副 有時候

1. Barbara **sometimes** calls me at home.
芭芭菈有時候會打電話到我家找我。

0549 □ **soon** [sun] 副 不久；很快地

1. Is Betty coming **soon**? 貝蒂快要來了嗎？

0550 □ **next** [nɛkst] 形 緊鄰的；次於的 副 次於；然後

1. What is the **next**形 question? 下一個問題是什麼？
2. What should we do **next**副? 我們接下來該做什麼？

0551 □ **finally** [ˋfaɪnḷɪ] 副終於；最後

1. The baby **finally** stopped crying. 小嬰兒終於不哭了。

0552 □ **early** [ˋɝlɪ] 副早；提早

1. My children came home **early** today.
我的小孩今天很早就回家了。

0553 □ **late** [let] 形遲的；晚的 副晚；遲到

1. You are half an hour **late**(形)! 你遲到了半個小時！
2. Eddie often worked **late**(副). 艾迪常常工作到很晚。

練習題 Exercise 10

☞**Ans.** p.379

1 看圖填充：請從下列單字中，選出正確的字填入句子裡。

wait	celebrate	day	rest
date	October	presents	festival
Christmas	september		

(1) "What is today's ______?" "It's December 25."

(2) It is the 23rd of ______.

(3) Where are you going for the ______ holiday?

(4) Frank is taking a ______.

(5) Let's _______ our success.

(6) Thanks for the ______.

(7) ______ a second, please.

(8) Chinese New Year is an important ______.

2 填字遊戲

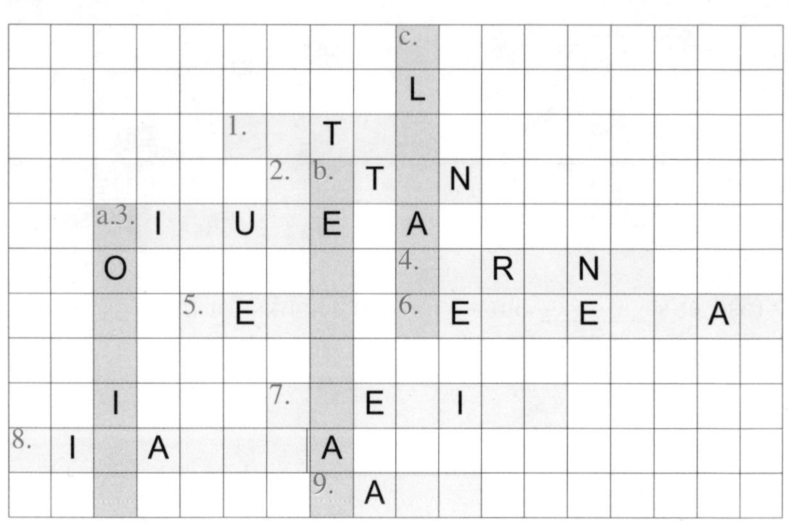

✪ 雙線標示，表示單字字尾的最後一格。

Across

1. You can watch TV _____ you finish your homework.
2. Jack loves swimming, and he goes swimming very _______.
3. Hurry up! The show begins at 17:00, and it is 16:59 now. There is only one ________ left.
4. I studied Japanese _______ my summer vacation.
5. We missed the train at 17:00. We have to take the _______ one at 17:30.
6. I didn't have to work _________, but I have to work today.
7. We usually have dinner around six in the ___________.

8. Everything __________came out good.

9. William is ________ for school again. He is seldom on time.

Down

a. What time did you get up this _______?

b. We will eat moon cakes during the Moon _______.

c. Denny has_________ finished his howework, so he can watch TV now.

3 選擇題

1. Just a _____.
   (a) moment (b) ago (c) once (d) still
2. What are you doing _____?
   (a) before (b) after (c) now (d) later
3. George went to America a month _____.
   (a) before (b) after (c) past (d) ago
4. Will hopes to be a pilot in the _____.
   (a) past (b) future (c) moment (d) date
5. "How _____ do you go swimming?" "Once a week."
   (a) seldom (b) usually (c) often (d) soon

Sports and Hobbies

消遣與嗜好

Group 062

Disk 2

25

0554 □ **sport** [sport] 名 可數 (-s) 運動；體育活動

1. Leslie spends most of his time doing **sports**.
   萊斯利把大部分的時間都花在運動上。

❖ ***sporting*** [ˋsportɪŋ] 形 關於、從事體育運動的
❖ ***sportingly*** [ˋsportɪŋlɪ] 副 在體育運動方面
❖ ***sportsman*** [ˋsportsmən] 名 喜歡運動的人；運動員

0555 □ **exercise** [ˋɛksɚ͵saɪz] 名 可數 (-s) 練習；習題 不可 運動；鍛鍊 不及 運動

1. Please do the **exercise** 可 on the next page.
   請做下一頁的練習題。
2. What kind of **exercise** 不可 do you usually do?
   你平常都做什麼運動？
3. We should **exercise** 不及 more. 我們應該多運動。

❖ 動詞變化：***exercised, exercised, exercising***

0556 □ **hobby** [ˋhɑbɪ] 名 可數 (-ies) 嗜好；癖好

1. One of Mark's **hobbies** is cooking.
   馬克有一項嗜好是烹飪。

❖ ***hobbyist*** [ˋhɑbɪɪst] 名 沉溺於某種嗜好的人

0557 □ **habit** [ˋhæbɪt] 名 可數 (-s) 習慣

1. Smoking and drinking are not good **habits**.
   抽菸和喝酒不是好習慣。

❖ ***habitual*** [hə`bɪtʃuəl] 形 習慣的；習以爲常的

❖ ***habitually*** [hə`bɪtʃuəlɪ] 副 習慣地；慣常地

❖ ***habituate*** [hə`bɪtʃu,et] 動 使習慣於；上癮

Unit 11 消遣與嗜好

Group 062

0558 □ rest [rɛst] 名 可數 (-s) 休息；休養；其餘部分

1. David wants to take a **rest**. 大衛想要休息。
2. The **rest** of the fruit has gone bad. 剩下的水果都壞了。

0559 □ interest [`ɪntərɪst] 名 可數 (-s) 興趣；愛好

1. Reading is one of Ivy's **interests**.
   閱讀是艾薇的興趣之一。

0560 □ interested [`ɪntərɪstɪd] 形 對……感興趣

1. I am not **interested** in that story. 我對那故事不感興趣。
2. Patricia is **interested** in English. 派翠莎對英文有興趣。

❖ ***interested in*** 對……有興趣　❖ ***interest rate*** 利率

❖ ***interestedly*** [`ɪntərɪstɪdlɪ] 副 保持興趣地

0561 □ favorite [`fevərɪt] 形 特別喜愛的 名 (-s) 特別喜愛的人或物

1. What is your **favorite**(形) dish? 你特別喜歡什麼菜？
2. This book is my **favorite**(名). 這本書是我特別喜愛的。

❖ ***favor*** [`fevɚ] 名 贊成；偏袒

❖ ***favorable*** [`fevərəbḷ] 形 贊同的；討人喜歡的

❖ ***favorably*** [`fevərəblɪ] 副 贊同地；順利地

Group 063

Disk 2

26

0562 □ **ball** [bɔl] 名 可數 (-s) 球

1. What kinds of **ball** games do you like?
   你喜歡什麼樣的**球類**運動？

0563 □ **baseball** [ˋbes͵bɔl] 名 可數 (-s) 棒球 不可 棒球運動

1. Did you see a **baseball** 可? 你有看到一顆**棒球**嗎？
2. My brother likes **baseball** 不可 very much.
   我弟弟很喜歡**棒球運動**。

0564 □ **basketball** [ˋbæskɪt͵bɔl] 名 可數 (-s) 籃球 不可 籃球運動

1. Jess bought a new **basketball** 可. 傑斯買了一顆新**籃球**。
2. Let's go play **basketball** 不可 together!
   我們一起去打**籃球**吧！

0565 □ **tennis** [ˋtɛnɪs] 名 不可 網球（運動）

1. Do you want to play **tennis** with me?
   你想和我打**網球**嗎？

❖ ***tennis court*** 網球場	❖ ***tennis shoes*** 網球鞋
❖ ***tennis racket*** [ˋtɛnɪs ˋrækɪt] 網球拍	

0566 □ **player** [ˋpleɚ] 名 可數 (-s) 遊戲者；（球類）運動員

1. We need three **players** for this game.
   這個遊戲我們需要三個人。

2. That basketball **player** got hurt. 那個籃球員受傷了。

❖ ***playfellow*** [ˋple͵fɛlo] 名 玩耍的同伴
❖ ***playful*** [ˋplefəl] 形 愛玩耍的；開玩笑的
❖ ***playable*** [ˋpleəbl̩] 形 可玩的；可演的
❖ ***playgame*** [ˋple͵gem] 名 兒戲；遊戲
❖ ***playtime*** [ˋple͵taɪm] 名 娛樂時間；上演時間

0567 □ team [tim] 名 集合 (-s) 隊；組

1. How many people are there on each **team**?
   每一組有多少人？
2. Sally joined the tennis **team** in the school.
   莎莉參加了學校的網球隊。

❖ ***team up with*** 與……合作 ❖ ***team sports*** 團隊運動
❖ ***teammate*** [ˋtim͵met] 名 隊友；同隊隊員

0568 □ swim [swɪm] 不及 游泳

1. Can you **swim**? 你會游泳嗎？

❖ ***swimmer*** [ˋswɪmɚ] 名 游泳者
❖ ***swimming*** [ˋswɪmɪŋ] 名 游泳（運動）形 游泳的
❖ ***go swimming*** 去游泳 ❖ ***swimming pool*** 游泳池

0569 □ jog [dʒɑg] 不及 慢跑

1. Danny **jogs** every morning before work.
   丹尼每天早上上班前都會去慢跑。

❖ ***jogger*** [ˋdʒɑgɚ] 名 慢跑者 ❖ ***go jogging*** 去慢跑
❖ ***jogging suit*** 慢跑運動衣

Group 064

Disk 2 27

0570 □ **art** [ɑrt] 名 不可 藝術；美術品

1. This is a piece of wonderful **art**. 這是一件很棒的藝術品。

0571 □ **dance** [dæns] 不及 跳舞；舞蹈

1. Do you want to **dance**? 你想跳舞嗎？

❖ 動詞變化：***danced, danced, dancing***

❖ ***dancer*** [ˋdænsɚ] 名 舞蹈家　❖ ***dancing*** [ˋdænsɪŋ] 名 跳舞

0572 □ **draw** [drɔ] 及物 不及 畫；畫圖

1. Amy **drew** 及 a line on the paper. 艾咪在紙上畫了一條線。
2. Jessica **draws** 不及 very well. 潔西卡很會畫畫。

❖ 動詞變化：***drew, drawn, drawing***

❖ ***draw back*** 退縮；收回　❖ ***draw up*** 起草；制訂

0573 □ **movie** [ˋmuvɪ] 名 可數 (-s) 電影；影片

1. That **movie** is really nice. 那部電影真不錯。

❖ ***movie theater*** 電影院　❖ ***movie star*** 電影明星

0574 □ **music** [ˋmjuzɪk] 名 不可 音樂；音樂作品

1. Listen to that beautiful **music**! 聽那美妙的音樂！

❖ ***musical*** [ˋmjuzɪkl̩] 名 歌舞劇 形 音樂的；關於音樂的

0575 □ **paint** [pent] 及物 繪畫；油漆

1. Lisa **painted** her room blue. 莉莎把她的房間漆成藍色。

- ❖ 動詞變化：***painted, painted, painting***
- ❖ ***painting*** [ˋpentɪŋ] 名 繪畫；畫
- ❖ ***paintbrush*** [ˋpent͵brʌʃ] 名 畫筆；油漆刷
- ❖ ***painted*** [ˋpentɪd] 形 著色的；刷上油漆的

0576 □ picture [ˋpɪktʃɚ] 名 可數 (-s) 圖片；照片

1. Would you please take a **picture** for us?
   請幫我們照張**相**好嗎？
2. Look at that **picture**. 看那張**畫**。

- ❖ ***come into the picture*** 有牽連
- ❖ ***get the picture*** 了解狀況
- ❖ ***put sb. in the picture*** 把情況告訴某人

0577 □ picnic [ˋpɪknɪk] 名 可數 (-s) 郊遊；野餐

1. We are going on a **picnic** this weekend.
   我們這個週末要去**野餐**。

0578 □ basket [ˋbæskɪt] 名 可數 (-s) 籃；筐

1. Mother prepared a **basket** of fruit for our picnic.
   媽媽為我們的郊遊準備了一**籃**的水果。

0579 □ show [ʃo] 名 可數 (-s) 表演；展覽 及物 出示 不及 表現

1. I went to an art **show**名 yesterday.
   我昨天去看了一個美術**展**。
2. Would you please **show**及 me that watch?
   請你**拿**那只手錶給我看好嗎？

3. Kevin's worry **shows** 不及 on his face.
凱文的擔憂顯現在他的臉上。

> ❖ 動詞變化：***showed, showed, showing***
> ❖ ***show off*** 賣弄；炫耀　❖ ***show up*** 出席；露面

0580 □ **sing** [sɪŋ] 及物 不及 唱歌

1. Would you **sing** 及 a song for us?
你願意為我們唱一首歌嗎？
2. Whitney **sings** 不及 beautifully. 惠妮唱歌唱得很好聽。

> ❖ 動詞變化：***sang, sung, singing***

Group 065

Disk 2 28

0581 □ **band** [bænd] 名 可數 (-s) 樂團；樂隊

1. My favorite **band** will be here tonight.
我最喜歡的樂團今晚會來。

0582 □ **camp** [kæmp] 名 可數 (-s) 帳篷 不及 露營；紮營

1. We can set up a **camp** 名 by the river.
我們可以在河邊搭個帳篷。
2. Where are we going to **camp** 不及? 我們要在哪裡紮營？

0583 □ **comic** [ˋkɑmɪk] 名 可數 (-s) 連環漫畫（冊）

1. Jimmy likes to read **comics**. 吉米喜歡看漫畫。

❖ ***comic book*** 漫畫書；連環漫畫書

❖ ***comical*** [ˋkɑmɪkḷ] 形 滑稽的；古怪的

❖ ***comically*** [ˋkɑmɪkḷɪ] 副 滑稽地；詼諧地

0584 □ cover

[ˋkʌvɚ] 名 可數 (-s)（書的）封面；封底 及物 遮蓋；覆蓋

1. Julia's picture is on the **cover**名 of her book.
   茱莉亞的照片就在她的書本**封面**上。
2. Winnie **covered**及 her face with hands.
   薇妮用手**遮住**她的臉。

❖ 動詞變化：***covered, covered, covering***

❖ ***coverage*** [ˋkʌvərɪdʒ] 名 覆蓋；覆蓋範圍

❖ ***covered*** [ˋkʌvɚd] 形 隱蔽著的；有蓋的

❖ ***cover up*** 遮住；蓋住　　❖ ***cover story*** 封面故事

0585 □ doll

[dɑl] 名 可數 (-s) 玩偶；洋娃娃

1. That **doll** is Amy's favorite toy.
   那個**洋娃娃**是艾咪最喜愛的玩具。

❖ ***dollhouse*** [ˋdɑl͵haʊs] 名 娃娃屋

❖ ***dolly*** [ˋdɑlɪ] 名（兒語）洋娃娃

0586 □ game

[gem] 名 可數 (-s) 遊戲

1. Do you want to join our card **game**?
   你想加入我們的撲克牌**遊戲**嗎？

0587 □ kite

[kaɪt] 名 可數 (-s) 風箏

1. My children are flying **kites** in the park.
   孩子們正在公園裡放風箏。

❖ ***kite-flying*** [ˋkaɪtˏflaɪɪŋ] 名 放風箏

0588 □ magic

[ˋmædʒɪk] 名 不可 魔術；戲法 形 有魔法的；不可思議的

1. Vick will perform **magic**[名] at my birthday party.
   維克將在我的生日派對上表演魔術。
2. Nick likes the story about a **magic**[形] carpet.
   尼克喜歡魔毯的故事。

❖ ***magical*** [ˋmædʒɪkḷ] 形 有魔力的；神祕的
❖ ***magically*** [ˋmædʒɪklɪ] 副 如魔法般地；不可思議地
❖ ***magician*** [məˋdʒɪʃən] 名 魔術師；變戲法的人

0589 □ seat

[sit] 名 可數 (-s) 座位；席位

1. How many **seats** are there in this movie theater?
   這家電影院有多少個座位？

❖ ***take a seat*** 坐下 ❖ ***take sb.'s seat*** = ***seat oneself*** 就座
❖ ***seated*** [ˋsitɪd] 形 就座的；有……座位的
❖ ***seating*** [ˋsitɪŋ] 名 就座；座位數

0590 □ song

[sɔŋ] 名 可數 (-s) 歌曲；歌謠

1. We sang a birthday **song** to Lisa.
   我們為麗莎唱了生日快樂歌。

❖ ***for a song*** 非常便宜地

❖ ***songbook*** [ˋsɔŋ͵bʊk] 名 歌曲集

❖ ***songwriter*** [ˋsɔŋ͵raɪtɚ] 名 流行歌曲作者

❖ ***songwriting*** [ˋsɔŋ͵raɪtɪŋ] 名 作詞；作曲

0591 □ **noise** [nɔɪz] 名 不可 噪音

1. Where does that **noise** come from? 那噪音從哪來的？

❖ ***noisy*** [ˋnɔɪzɪ] 形 喧鬧的；嘈雜的

❖ ***noisiness*** [ˋnɔɪzɪnɪs] 名 吵鬧；喧嘩

❖ ***noisily*** [ˋnɔɪzɪlɪ] 副 喧鬧地

0592 □ **story** [ˋstorɪ] 名 可數 (-ies) 故事

1. Grandmother tells me a **story** every night.
   奶奶每天晚上都會講一個故事給我聽。

❖ ***another story*** 另一回事　❖ ***as the story goes*** 據說

❖ ***storybook*** [ˋstorɪ͵bʊk] 名 故事書

❖ ***storyteller*** [ˋstorɪ͵tɛlɚ] 名 講故事的人

0593 □ **tape** [tep] 名 可數 (-s) （錄影或錄音的）磁帶

1. Do you have the **tape** of that song?
   你有那首歌的錄音帶嗎？
2. Where is the video **tape** of our trip?
   我們旅行的錄影帶在哪？

0594 □ **ticket** [ˋtɪkɪt] 名 可數 (-s) 票；入場卷

1. We can buy student **tickets**. 我們可以買學生票。

❖ ***ticket window*** 售票窗口

❖ ***ticketing*** [ˋtɪkɪtɪŋ] 名 售票

0595 □ **toy** [tɔɪ] 名 可數 (-s) 玩具

1. Mike has several **toys**. 麥克有好幾樣玩具。

❖ ***toyshop*** [ˋtɔɪˏʃɑp] 名 玩具店

❖ ***toyman*** [ˋtɔɪmən] 名 玩具製造商

Group 066

Disk 2

29

0596 □ **break** [brek] 及物 折斷；打破

1. Ben fell down and **broke** his leg. 班跌斷了腿。
2. Maggie **broke** the plates. 瑪姬打破了盤子。

❖ 動詞變化：***broke, broken, breaking***

❖ ***break sb.'s word*** 失信

❖ ***break into*** 闖入；打斷

❖ ***break sb.'s heart*** 使某人傷心

❖ ***break out*** 爆發；突然發生

0597 □ **climb** [klaɪm] 及物 攀登；爬

1. We **climbed** that mountain last week.
   我們上週攀登了那座山。

❖ 動詞變化：***climbed, climbed, climbing***

❖ ***climbable*** [ˋklaɪməbl̩] 形 可攀爬的；爬得上去的

❖ ***climbing*** [ˋklaɪmɪŋ] 名 攀登

❖ ***climber*** [ˋklaɪmɚ] 名 登山者

0598 □ **hide** [haɪd] 及物 隱藏；隱瞞 不及 躲避；隱藏

1. Andy will not **hide**[及] anything from me.
   安迪什麼事都不會對我**隱瞞**。
2. Where does Jimmy **hide**[不及]? 吉米**躲**到哪去了？

❖ 動詞變化：***hid, hid/hidden, hiding***

❖ ***hide-and-seek*** 捉迷藏 ❖ ***hiding place*** 躲藏處

0599 □ **hit** [hɪt] 及物 打擊；碰撞

1. Chris **hit** the ball. 克里斯**擊**中了球。
2. Our car **hit** the wall. 我們的車**撞**到了牆。

❖ 動詞變化：***hit, hit, hitting*** ❖ ***make a hit*** 成功

0600 □ **jump** [dʒʌmp] 不及 跳躍；越過

1. Sam **jumped** over the wall easily.
   山姆輕輕鬆鬆地就**跳過**那道牆。

❖ 動詞變化：***jumped, jumped, jumping***

❖ ***jumping*** [ˋdʒʌmpɪŋ] 形 跳躍的

❖ ***jumpily*** [ˋdʒʌmpɪlɪ] 副 跳動地

0601 □ **kick** [kɪk] 及物 踢

1. Anthony **kicked**[及] the ball to me. 安東尼把球**踢**給我。

❖ 動詞變化：***kicked, kicked, kicking***

0602 □ play [ple] 及物 播放；玩 不及 玩

1. Let me **play**[及] a song for you. 讓我為你**放**首歌。
2. Do you **play**[及] tennis? 你**打**網球嗎？
3. Peter likes to go out and **play**[不及]. 彼得喜歡去出**玩耍**。

- ❖ 動詞變化：***played, played, playing***
- ❖ ***play around***（在……附近）玩耍
- ❖ ***play with*** 與……玩耍
- ❖ ***fair play*** 公平競爭

0603 □ run [rʌn] 不及 奔跑；跑步

1. How fast can you **run**? 你能**跑**多**快**？
2. Michelle had to **run** to the school today.
   米雪兒今天得**跑步**去上學。

- ❖ 動詞變化：***ran, run, running***
- ❖ ***run after*** 追趕；追蹤
- ❖ ***run away*** 逃跑；離家
- ❖ ***run into*** 碰見；撞到
- ❖ ***run out*** 用盡；耗盡

0604 □ stand [stænd] 不及 站立

1. Would you please **stand** up? 請你**站起**來好嗎？

- ❖ 動詞變化：***stood, stood, standing***
- ❖ ***stand a (good) chance***（很）有可能；（很）有希望
- ❖ ***stand against*** 反對；對抗
- ❖ ***stand for*** 代表；象徵

Group 067

Disk 2

30

0605 □ collect [kə`lɛkt] 及物 收集

1. Joanne **collects** dolls. 瓊安收集洋娃娃。
2. Do you **collect** anything? 你有收集些什麼嗎？

❖ 動詞變化：***collected, collected, collecting***
❖ ***collectable*** [kə`lɛktəb!] 形 可收集的；適合收集的
❖ ***collection*** [kə`lɛkʃən] 名 收集；蒐藏品
❖ ***collecting*** [kə`lɛktɪŋ] 形 募捐的；募集用的

0606 □ hurt [hɜt] 名 不可 傷痛 形 受傷的 及物 使受傷 不及 疼痛

1. It was a real **hurt** 名 for George to break up with Lora.
   和蘿菈分手對喬治來說是個很大的傷痛。
2. Ivy's arm was **hurt** 形. 艾薇的手臂受傷了。
3. Tony's words **hurt** 及 her. 湯尼的話傷了她。
4. Jeremy's right foot **hurts** 不及 very much.
   傑瑞米的右腳很痛。

❖ 動詞變化：***hurt, hurt, hurting***
❖ ***hurtful*** [`hɜtfəl] 形 有害的；造成損害的
❖ ***hurtfully*** [`hɜtfəlɪ] 副 有害地
❖ ***hurtfulness*** [`hɜtfəlnɪs] 名 受傷害；造成損害

0607 □ lead [lid] 及物 不及 帶；指引；領導

1. Please **lead** 及 me to his office. 請帶我到他的辦公室。

2. Peter always wants to **lead**(不及) every group.
彼得在團體中總是想領導一切。

> ❖ 動詞變化：***led, led, leading*** ❖ ***lead to*** 通到；導致
> ❖ ***lead astray*** 把……引入歧途 ❖ ***lead into*** 通向；導致

0608 □ practice [ˋpræktɪs] (名)(不可) 練習 (及物)(不及) 練習

1. You need a lot of **practice**(名). 你需要許多練習。
2. Lily **practices**(及) the piano every day.
莉莉每天都練鋼琴。
3. Let's **practice**(不及) again. 讓我們再練習一次。

> ❖ 動詞變化：***practiced, practiced, practicing***
> ❖ ***practiced*** [ˋpræktɪst] (形) 熟練的；有經驗的
> ❖ ***put in/into practice*** 實施；執行 ❖ ***in practice*** 實際上

0609 □ smoke [smok] (名)(不可) 煙；煙霧 (及物)(不及) 抽煙

1. Do you see the **smoke**(名) over there?
你有沒有看到那裡的煙？
2. My father likes to **smoke**(及) a pipe. 我爸爸喜歡抽雪茄。
3. Do you mind if I **smoke**(不及)? 你介意我抽煙嗎？

> ❖ 動詞變化：***smoked, smoked, smoking***
> ❖ ***smoked*** [smokt] (形) 煙燻的；用煙處裡的
> ❖ ***smoking*** [ˋsmokɪŋ] (名) 冒煙；抽煙
> ❖ ***smoky*** [ˋsmokɪ] (形) 冒煙的；煙霧瀰漫的

0610 □ sleep [slip] (名)(不可) 睡眠 (不及) 睡；睡覺

1. You don't get enough **sleep**(名). 你睡眠不足。

2. The baby wants to go to **sleep**(不及). 寶寶想睡覺了。

- ❖ 動詞變化：***slept, slept, sleeping***
- ❖ ***sleepy*** [ˋslipɪ] 形 想睡的；令人昏昏欲睡的
- ❖ ***sleeping*** [ˋslipɪŋ] 名 睡眠 形 睡著的
- ❖ ***sleepily*** [ˋslipɪlɪ] 副 想睡地；疲倦地

0611 □ wake [wek] 及物 不及 醒來；喚醒

1. Sorry, did I **wake**(及) you up? 抱歉，我吵醒你了嗎？
2. I **wake**(不及) up at eight every morning.
   我每天早上八點醒來。

- ❖ 動詞變化：***waked/woke, waked/woken, waking***
- ❖ ***wakefully*** [ˋwekfəlɪ] 副 睡不著地
- ❖ ***wakeful*** [ˋwekfəl] 形 失眠的
- ❖ ***wakefulness*** [ˋwekfəlnɪs] 名 失眠

0612 □ win [wɪn] 及物 不及 獲勝；成功

1. Our team **won**(及) the baseball game.
   我們這隊贏了棒球比賽。
2. I wish we could **win**(不及). 希望我們能獲勝。

- ❖ 動詞變化：***won, won, winning***
- ❖ ***winner*** [ˋwɪnɚ] 名 獲勝者；贏家
- ❖ ***winning*** [ˋwɪnɪŋ] 名 獲勝；贏 形 獲勝的

0613 □ lose [luz] 及物 遺失；失去

1. Jenny **lost** her camera. 珍妮的相機掉了。
2. Frank **lost** his job last week. 法蘭克上週丟了工作。

❖ 動詞變化：***lost, lost, losing*** ❖ ***lose face*** 丟臉
❖ ***lose control of*** 失去控制 ❖ ***lose money*** 賠錢

Group 068

Disk 2

31

0614 □ exciting [ɪk`saɪtɪŋ] 形 令人興奮的；刺激的

1. What an **exciting** game! 多刺激的遊戲啊！

❖ 形容詞變化：***more exciting, most exciting***
❖ ***excitingly*** [ɪk`saɪtɪŋlɪ] 副 振奮人心地；刺激地

0615 □ interesting [`ɪntərɪstɪŋ] 形 有趣的；引起興趣的

1. What you said is quite **interesting**. 你所說的東西很有趣。

❖ 形容詞變化：***more interesting, most interesting***
❖ ***interestingly*** [`ɪntrəstɪŋlɪ] 副 有趣地

0616 □ fast [fæst] 形 快的；迅速的 副 快速地

1. Jim is a **fast**[形] runner. 吉姆是跑得很快的人。
2. Sally runs very **fast**[副]. 莎莉跑得非常快。
3. Judy can run as **fast**[副] as Sally. 茱蒂跑得和莎莉一樣快。

❖ 形容詞變化：***faster, fastest***

0617 □ hurry [`hɜɪ] 名 不可 倉促；匆忙 不及 趕緊；匆忙

1. Jane left home in a **hurry**[名]. 珍在匆忙之中離家。

2. **Hurry**(不及) up! Or we will be late.
快一點！不然我們會遲到的。

> ❖ 動詞變化：***hurried, hurried, hurrying***

0618 □ quick [kwɪk] 形 快的；迅速的 副 迅速地

1. Ruth is a **quick**(形) learner. 露絲學東西很快。
2. Vicky answered as **quick**(副) as she heard me.
維琪一聽到我的聲音，就很快地回應。

> ❖ 形容詞變化：***quicker, quickest***
> ❖ ***quickly*** [ˋkwɪklɪ] 副 快速地

0619 □ slow [slo] 形 慢的 副 慢慢地；遲遲地 不及 變慢；放慢

1. Steve is a **slow**(形) reader. 史蒂夫看書的速度很慢。
2. Can you read it **slow**(副)? 你可以慢慢地讀嗎？
3. **Slow**(不及) down. I don't know what you are talking about.
速度放慢點，我根本不知道你在說什麼。

> ❖ 形容詞變化：***slower, slowest***
> ❖ ***slowly*** [ˋslolɪ] 副 慢慢地

0620 □ loud [laʊd] 形 大聲的；響亮的

1. Kelly has a **loud** voice. 凱莉的嗓門很大。

> ❖ 形容詞變化：***louder, loudest***
> ❖ ***loudly*** [ˋlaʊdlɪ] 副 大聲地

0621 □ **use** [juz] 及物 使用；用

1. How do I **use** this machine? 這個機器怎麼用？

- ❖ 動詞變化：***used***, ***used***, ***using***
- ❖ ***useful*** [ˋjusfəl] 形 有用的；有助益的
- ❖ ***usefully*** [ˋjusfəlɪ] 副 有用地；有效地
- ❖ ***usefulness*** [ˋjusfəlnɪs] 名 有用；有益；有效
- ❖ ***used*** [ˋjust] 形 過去習慣於（+ *to*）

練習題 Exercise 11

☞Ans. p.380

1 看圖填充：請從下列單字中，選出正確的字填入句子裡：

climbing	swimming	jogging	draw
read	dance	hurt	run
kicks	runs	jumps	sleep

(1) Do you want to go _____ at the beach?

(2) Let's go _____with Betty.

(3) Let's go mountain _____ this week.

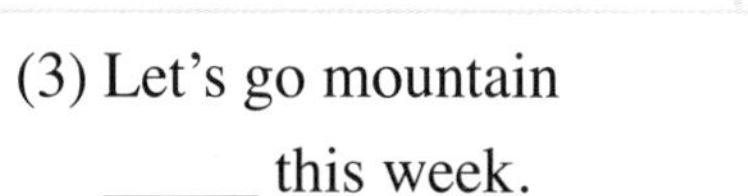

(4) Johnny _____ fast.

(5) Jeff _____ high with anger.

(6) Hank often _____me.

(7) I want to _____.

(8) Did you get _____?

(9) They can _____.

(10) Steven loves to _____.

2 填字遊戲

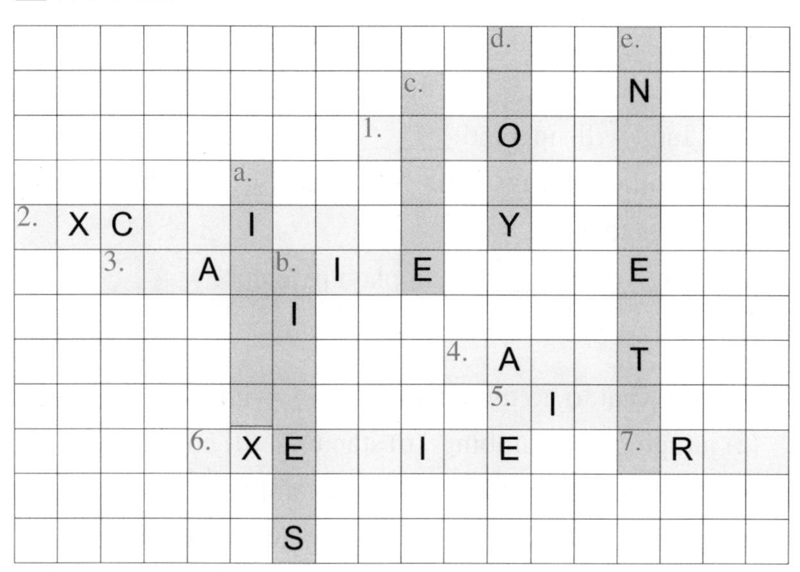

✪ 雙線標示，表示單字字尾的最後一格。

Across

1. Black is my ______ color. I always buy black shirts and black pants.
2. This new combat computer game is very _______. I can't wait to play it again.
3. Jane ________ swimming every day. She wants to win at the swim meet.
4. Drinking is a bad _______.
5. Jimmy is flying a _______ in the park.
6. Andy does _________ every day to keep him strong.
7. Emma ________ a picture for me yesterday.

Down

a. Jack ______ my knee, and it hurts so much!
b. All the _______ for the baseball game were sold out.
c. Judy will sing and ________ for us at the party.
d. Mother always tells Nancy a ________ before she goes to bed.
e. Are you _________ in playing tennis?

3 選擇題

1. Do you want to go mountain _______ with us?
   (a) jumping (b) climbing (c) standing (d) collecting
2. No, I am going ________ with my family.
   (a) kicking (b) movies (c) camping (d) running
3. Larry _____ my heart by dating another girl.
   (a) broke (b) break (c) hurted (d) hide
4. _______ makes perfect.
   (a) Collecting (b) Exercise (c) Practice (d) Winning
5. ______ up, or we will be Late!
   (a) Slow (b) Fast (c) Quick (d) Hurry

Household Appliances

家庭用品

Group 069

Disk 2

32

0622 □ build [bɪld] 及物 建造；建築

1. How do we **build** a house? 我們要如何建造一棟房子？

❖ 動詞變化：***built, built, building***
❖ ***build up*** 增進；使增大

0623 □ fix [fɪks] 及物 修理

1. Would you please **fix** my camera?
請幫我修理相機好嗎？

❖ 動詞變化：***fixed, fixed, fixing*** ❖ ***fix up*** 修理；改進
❖ ***fixed*** [ˋfɪkst] 形 固定的；不變的
❖ ***fixedly*** [ˋfɪksɪdlɪ] 副 固定地；不動地

0624 □ house [haʊs] 名 可數 (-s) 房子；住宅

1. Mr. Richardson has three **houses**.
理察森先生有三棟房子。

❖ ***household*** [ˋhaʊs͵hold] 名 家庭；一家人 形 家用的；家庭的

0625 □ apartment [əˋpɑrtmənt] 名 可數 (-s) 公寓房間；公寓大樓

1. Johnny lives in the **apartment** next door.
強尼住在隔壁的公寓房間裡。
2. My cousin and I live in the same **apartment**.
我的表妹和我住在同一棟公寓內。

Unit 12 家庭用品 Group 069

0626 □ **room** [rum] 名可數 (-s) 房間；室 不可 空間

1. Do you have a **room**可 for two nights?
你們有沒有可以住兩個晚上的**房間**？
2. There isn't enough **room**不可 for ten people here.
這裡沒有足夠的**空間**可以容下十個人。

❖ ***room service*** 旅館內送食物到房間的服務
❖ ***room temperature*** [ˋrum ˋtɛmprətʃɚ] 室溫
❖ ***roommate*** [ˋrumˏmet] 名 室友

0627 □ **bathroom** [ˋbæθˏrum] 名可數 (-s) 浴室；廁所

1. May I use your **bathroom**? 可以跟你借用一下**洗手間**嗎？

0628 □ **rest room** [ˋrɛst ˋrum] 名可數 (-s) 廁所

1. Excuse me, where is the **rest room**? 請問**廁所**在哪裡？

0629 □ **bedroom** [ˋbɛdˏroom] 名可數 (-s) 臥室；寢室

1. Do you like the design of my **bedroom**?
你喜歡我**臥房**的設計嗎？

❖ ***bed*** [bɛd] 名 床　　❖ ***bedside*** [ˋbɛdˏsaɪd] 名 床邊；床側

0630 □ **dining room** [ˋdaɪnɪŋ ˋrum] 名可數 (-s) 餐廳

1. Please come over to the **dining room**. 請到**餐廳**來。

❖ ***dining*** [ˋdaɪnɪŋ] 名 進餐　　❖ ***dining table*** 餐桌

0631 □ **living room** [ˋlɪvɪŋ ˋrum] 名可數 (-s) 客廳

1. Lucy is in the **living room**. 露西在**客廳**。

0632 □ **kitchen** [ˋkɪtʃɪn] 名 可數 (-s) 廚房

1. Mother is cooking dinner in the **kitchen**.
   媽媽在廚房煮晚餐。

❖ ***kitchenware*** [ˋkɪtʃɪn͵wɛr] 名（總稱）廚房用具

0633 □ **garden** [ˋgɑrdn̩] 名 可數 (-s) 花園；菜園，果園

1. The puppy is running in the **garden**. 小狗在花園裡跑著。

❖ ***gardener*** [ˋgɑrdənɚ] 名 園丁；花匠
❖ ***gardening*** [ˋgɑrdn̩ɪŋ] 名 園藝

Group 070

Disk 2 33

0634 □ **home** [hom] 名 可數 (-s) 家；住家

1. I have to go **home** now. 我得回家了。

❖ ***at home*** 在家
❖ ***homeland*** [ˋhom͵lænd] 名 祖國；家鄉
❖ ***homeless*** [ˋhomlɪs] 形 無家可歸的
❖ ***homelike*** [ˋhom͵laɪk] 形 在家一般的；舒適的
❖ ***homemade*** [ˋhomˋmed] 形 自製的；家裡做的

0635 □ **floor** [flor] 名 可數 (-s) 地板；（樓房的）層

1. Ben threw his bag on the **floor** when he came home.
   班回家後，就把他的袋子丟在地板上。

2. Tim lives in the apartment on the second **floor**.
提姆住在公寓二樓。

> ❖ ***flooring*** [ˋflorɪŋ] 名（總稱）室內地板、地面；地板材料
> ❖ ***floored*** [flɔrd] 形 鋪有地板的

0636 □ ground [graʊnd] 名 可數 (-s) 地面

1. Fannie sat on the **ground** and cried. 芬妮坐在地上哭。

> ❖ ***ground water*** 地下水　❖ ***ground glass*** 毛玻璃

0637 □ door [dɔr] 名 可數 (-s) 門

1. Would you please go open the **door**? 請你去開門好嗎？

> ❖ ***from door to door*** 挨家挨户 ❖ ***next door to*** 與……相鄰
> ❖ ***doorbell*** [ˋdor͵bɛl] 名 門鈴　❖ ***doorway*** [ˋdor͵we] 名 門口

0638 □ knock [nɑk] 不及 敲；打

1. Someone is **knocking** on the door. 有人在敲門。

> ❖ 動詞變化：***knocked***, ***knocked***, ***knocking***
> ❖ ***knock down*** 擊倒；擊落　❖ ***knock out*** 擊倒；淘汰

0639 □ wall [wɔl] 名 可數 (-s) 牆；壁

1. Mark is drawing on the **wall**. 馬克在牆上畫畫。
2. Jessica painted the **walls** of her room with different colors. 傑西卡把她房間的牆漆上不同的顏色。

0640 □ window [ˋwɪndo] 名 可數 (-s) 窗戶；（商店）櫥窗

1. Do you mind if I close the **window**?
你介意我把窗戶關上嗎？

2. Let's just go **window**-shopping.
   我們瀏覽瀏覽商店櫥窗就好了吧。

> ❖ ***window frame*** 窗框 ❖ ***window seat*** 靠窗座位
> ❖ ***window-shop*** [ˋwɪndoʃɑp] 動 瀏覽商店櫥窗；逛街

0641 □ lamp [læmp] 名 可數 (-s) 燈；燈火

1. Lisa bought a new **lamp** and put it in the living room.
   麗莎買了一個新的燈放在客廳。

> ❖ ***lamplight*** [ˋlæmp͵laɪt] 名 燈光 ❖ ***lamp stand*** 燈柱

0642 □ light [laɪt] 名 可數 (-s) 燈；燈光 不可 光

1. Could you turn on the **light**[可] please? 請你開燈好嗎？
2. The **light**[不可] is from Frank's room.
   光線是從法蘭克的房間透出來的。

> ❖ ***light up*** 點燃；照亮 ❖ ***light bulb*** 燈泡

0643 □ bed [bɛd] 名 可數 (-s) 床

1. You can sit on the **bed**. 你可以坐在床上。

> ❖ ***bedclothes*** [ˋbɛd͵kloz] 名 床具（床單、毯子、枕頭等）
> ❖ ***bedding*** [ˋbɛdɪŋ] 名 寢具（床單、床墊等）
> ❖ ***bedcover*** [ˋbɛd͵kʌvɚ] 名 床罩

0644 □ bath [bæθ] 名 可數 (-s) 洗澡；（一次）沐浴

1. Do you want to take a **bath** before dinner?
   你想在晚飯前先洗澡嗎？

❖ ***bath mat*** 浴室踏墊　❖ ***bath towel*** 浴巾
❖ ***bathe*** [beð] 動 給……洗澡

0645 □ **towel** [ˋtaʊəl] 名 可數 (-s) 毛巾

1. Did you bring the **towel** with you? 你有帶毛巾嗎？

0646 □ **chair** [tʃɛr] 名 可數 (-s) （通常指單人用的）椅子

1. Do we have enough **chairs**? 我們有足夠的椅子嗎？

0647 □ **sofa** [ˋsofə] 名 可數 (-s) 沙發；長椅

1. Simon sits on the **sofa** and does nothing.
賽門坐在沙發上，什麼也不做。

0648 □ **couch** [kaʊtʃ] 名 可數 (-es) 長沙發；睡椅

1. Daisy feels sick and is lying on the **couch**.
黛西身體不舒服，現在正躺在沙發上。

❖ ***couch potato*** 整天坐在沙發上看電視的人；極爲懶散的人

0649 □ **table** [ˋtebl̩] 名 可數 (-s) 桌子；檯

1. Could you please pass me the book on the **table**?
可以請你把桌上的書拿給我嗎？

❖ ***at the table*** 在吃飯（時）　❖ ***table lamp*** 檯燈
❖ ***table tennis*** 桌球　❖ ***table water*** 礦泉水
❖ ***tablespoon*** [ˋtebl̩ˏspun] 名 大湯匙

0650 □ **desk** [dɛsk] 名 可數 (-s) 書桌；辦公桌

1. Did you see the files on my **desk**?
你有沒有看見我辦公桌上的檔案？

❖ ***desk job*** 辦公室工作 ❖ ***desk light*** 桌燈
❖ ***desktop*** [`dɛsktɑp] 名 桌上型電腦

Group 071

Disk 2

34

0651 □ **machine** [mə`ʃin] 名 可數 (-s) 機器；機械

1. The **machine** stopped. 機器停下來了。

❖ ***machine-made*** [mə`ʃin͵med] 形 機器製的
❖ ***machinery*** [mə`ʃinərɪ] 名 機器；機械裝置
❖ ***machinist*** [mə`ʃinɪst] 名 機械師；機工

0652 □ **telephone** [`tɛlə͵fon] 名 可數 (-s) 電話機

1. Who are you talking to on the **telephone**?
   你在和誰講電話？

❖ 可以只說 ***phone***。 ❖ ***telephone book*** 電話簿
❖ ***telephone call*** 電話 ❖ ***telephone number*** 電話號碼

0653 □ **call** [kɔl] 名 可數 (-s) 通話；（一次）電話
及物 打電話給；稱呼

1. Maggie made a phone **call**名 to her husband.
   瑪姬打了通電話給她先生。
2. Did you **call**及 me last night? 你昨晚有打電話給我嗎？
3. Danny **called**及 his wife honey. 丹尼都叫他太太「甜心」。

❖ 動詞變化：***called, called, calling***

❖ ***call on*** 拜訪	❖ ***call off*** 取消
❖ ***call the roll*** 點名	❖ ***call waiting*** 電話插播

0654 □ **television (TV)** [ˋtɛlə͵vɪʒən] 名 可數 (-s) 電視機 不可 電視

1. Kevin has a **TV**可 in his room. 凱文的房間裡有一台**電視**。
2. Do you want to watch **television**不可? 你想看**電視**嗎？

0655 □ **news** [njuz] 名 不可 新聞；消息；新聞節目

1. Jess just told me some good **news**.
   傑斯剛告訴了我幾個好**消息**。
2. Can I watch the **news** at seven?
   我可以看七點的**新聞**嗎？

❖ ***be news to sb.*** 對某人來說是新聞

❖ ***news conference*** [ˋnjuz ˋkɑnfərəns] 記者招待會

0656 □ **video** [ˋvɪdɪ͵o] 名 可數 (-s) 錄影機；錄影帶

1. We bought a new **video** yesterday.
   我們昨天買了一台新**錄影機**。
2. Do you want to watch the **video** now?
   你想現在看**錄影帶**嗎？

❖ ***video camera*** 攝影機	❖ ***video game*** 電動遊戲
❖ ***video tape*** 錄影帶	❖ ***video recorder*** 錄影機

Unit 12 家庭用品 Group 071

0657 □ **computer** [kəm`pjutɚ] 名 可數 (-s) 電腦

1. It is common to have a **computer** in each household.
   家中有台電腦是很普遍的事。

❖ ***computer game*** 電腦遊戲
❖ ***computer program*** 電腦程式

0658 □ **fan** [fæn] 名 可數 (-s) 電風扇；（運動、電影等的）迷

1. May I turn on the **fan**? 我可以打開電風扇嗎？
2. Betty is a **fan** of that basketball team.
   貝蒂是那個籃球隊的球迷。

0659 □ **piano** [pɪ`æno] 名 可數 (-s) 鋼琴

1. Linda learned to play the **piano** when she was six.
   琳達六歲時學鋼琴。

0660 □ **radio** [`redɪ͵o] 名 可數 (-s) 廣播電台；收音機

1. Mother listens to the **radio** when she cooks.
   媽媽煮飯時會聽廣播。
2. Tracy bought a new **radio**. 崔西買了一台新收音機。

0661 □ **refrigerator** [rɪ`frɪdʒə͵retɚ] 名 可數 (-s) 冰箱

1. There is some ice water in the **refrigerator**.
   冰箱裡有些冰水。
2. Would you please take out the fish from the **refrigerator**?
   請你把魚從冰箱裡拿出來好嗎？

練習題 Exercise 12

☞Ans. p.380

1 看圖填充：請填入正確的家具及房間名稱。

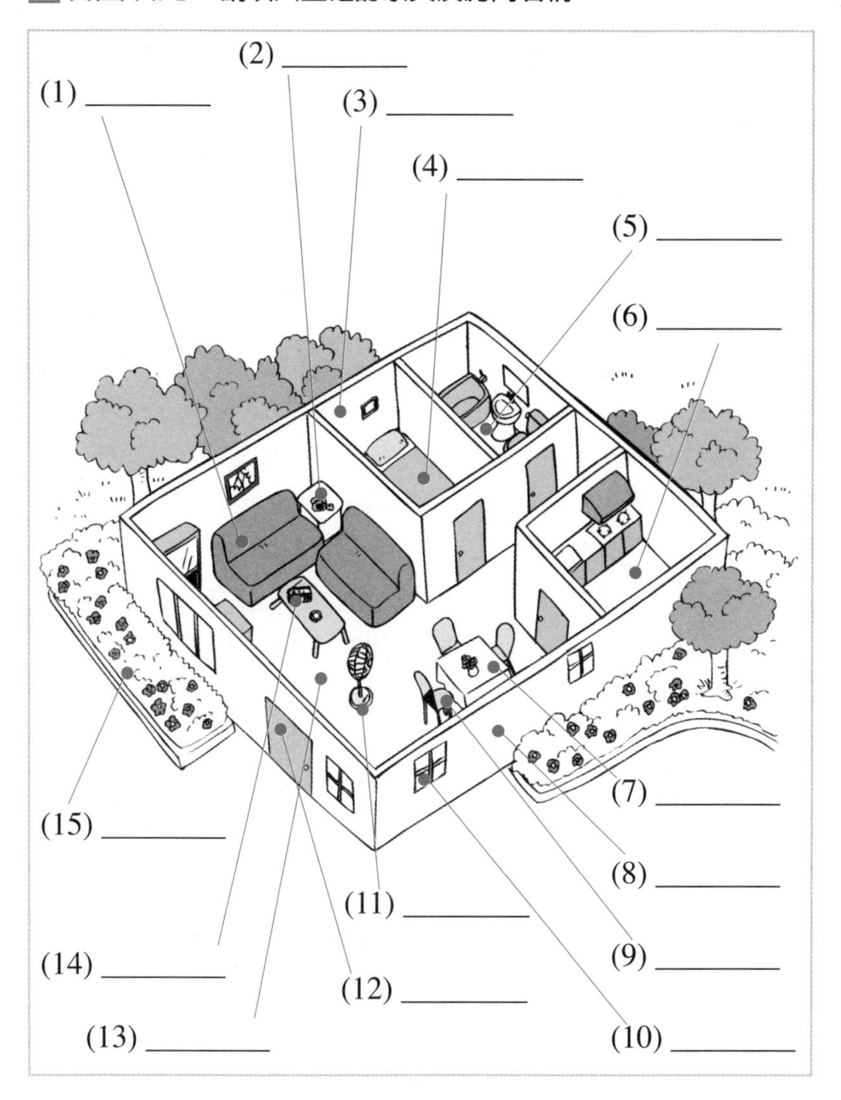

2 填字遊戲

							a.						c.					
					1.		L						O					
			2.		D								3.	I		N	O	
4.	E			I			R		T				U					
													5.	O			L	
										b.								
										6.	P				M			
										T								

Across

1. Ruth likes to watch cartoons on the _________.
2. May I borrow your _______ game?
3. Sue plays the ______ and kelly sings.
4. Mother put the fish in the _________ to keep it fresh.
5. Which _____ can I use after I take a shower?
6. Frank moved into the new _________ last week. It is on the second floor and has a balcony.

Down

a. John lives on the fifth _______.

b. I like to take a hot _______ before I go to bed.

c. Josh spends a lot of time on his _________, playing online games.

3 選擇題

1. This machine is broken. Can you _______ it for me?

   (a) clean (b) build (c) play (d) fix

2. Someone is __________ the door

   (a) knock on (b) knocking on (c) knock in

   (d) knocking in

3. Have you heard _______?

   (a) a new (b) the news (c) the piece of new

   (d) those three news

4. Can Trisha ___________?

   (a) play the piano (b) play a piano (c) plays a piano

   (d) plays the piano

5. I have to go ______ now.

   (a) to home (b) to house (c) house (d) home

Countries and Places

國家與地方

Group 072

Disk 2

35

0662 □ **road** [rod] 名 可數 (-s) 路；道路

1. There are three puppies on the **road**.
   有三隻小狗在**馬路**上。

> ❖ ***on the road*** 在旅途中 ❖ ***road map*** 公路圖
>
> ❖ ***crossroad*** [ˋkrɔs͵rod] 名 十字路口；交叉路

0663 □ **street** [strit] 名 可數 (-s) 街；街道

1. Jessie lives on the same **street** as James.
   潔西和詹姆斯住在同一條**街**上。

> ❖ ***streetlamp*** [ˋstrit͵læmp] 名 街燈；路燈
>
> ❖ ***streetlight*** [ˋstrit͵laɪt] 名 路燈

0664 □ **square** [skwɛr] 名 可數 (-s)（方形）廣場；正方形；方形物

1. There will be a party in the town **square** tonight.
   今晚市中心**廣場**有個派對。
2. Children are drawing **squares** on paper to play a game.
   孩子們在紙上畫**方格**來玩遊戲。

> ❖ ***squared*** [skwɛrd] 形 成正方形的；有方格的
>
> ❖ ***squarely*** [ˋskwɛrlɪ] 副 成方形地；直截了當地

0665 □ **block** [blɑk] 名 可數 (-s) 街區

1. Linda's house is two **blocks** away from here.
   琳達家距這裡兩條**街**。

0666 □ **town** [taʊn] 名 可數 (-s) 市鎮 不可 市中心區

1. Tim moved to a small **town**[可]. 提姆搬到一個小鎮去住了。
2. Hank went to **town**[不可] this morning.
   漢克今早去市中心了。

- ❖ ***town hall*** 鎮公所；市政府
- ❖ ***town meeting*** 市民大會；鎮民大會

0667 □ **city** [ˋsɪtɪ] 名 可數 (-s) 城市；都市

1. Which **city** is George going to for business?
   喬治要去哪個城市洽公？
2. Ruth always wants to go to New York **City**.
   露絲一直很想去紐約市。

- ❖ ***city hall*** 市政廳；市政府
- ❖ ***citywide*** [ˋsɪtɪˏwaɪd] 形 全市的

Group 073

Disk 2

36

0668 □ **country** [ˋkʌntrɪ] 名 可數 (-ies) 國家 不可 形 鄉下的

1. Daisy has been to several **countries**[名].
   黛西去過很多國家。
2. Emma is a **country**[形] girl. 艾瑪是個鄉下女孩。

❖ ***countryside*** [ˋkʌntrɪˏsaɪd] 名 鄉村；農村

0669 □ **America** [əˋmɛrɪkə] 名 美國；美洲

1. We are planning to go to **America** next month.
   我們正在計畫下個月去美國。
2. Kevin always wants to go to South **America**.
   凱文一直都很想去南美洲。

❖ ***American*** [əˋmɛrɪkən] 形 美國或美洲的 名 美國人；美洲人

0670 □ **USA** 名 = United States of America 美利堅合眾國

1. How many states are there in the **USA**?
   美國有幾個州？

0671 □ **China** [ˋtʃaɪnə] 名 中國

1. Danny went to the Great Wall in **China** last month.
   丹尼上個月去了中國的萬里長城。

❖ ***china*** [ˋtʃaɪnə] 名 瓷器

❖ ***Chinese*** [tʃaɪˋniz] 名 中國人；中文 形 中國（人）的

0672 □ **Taiwan** [ˋtaɪˋwɑn] 名 台灣

1. Do you want to go to the southern part of **Taiwan** for vacation? 你想要去南台灣度假嗎？

❖ ***Taiwan Strait*** 台灣海峽

❖ ***Taiwanese*** [ˏtaɪwɑˋniz] 名 台灣人 形 台灣的；台灣人的

0673 □ **ROC** 名 = Republic of China 中華民國

1. I usually put "**ROC**" after "Taiwan" when I write a letter to a Taiwanese friend. 我寫信給台灣的一位朋友時，通常會在「台灣」後面加上「**中華民國**」。

0674 □ world [wɜld] 名 世界

1. Anna hopes to travel all over the **world** before she is sixty years old. 安娜希望能在 60 歲以前環遊全**世界**。

❖ ***worldview*** [ˋwɜld͵vju] 名 世界觀
❖ ***world-famous*** [ˋwɜldˋfeməs] 形 世界聞名的

0675 □ foreign [ˋfɔrɪn] 形 外國的；外來的

1. Jennifer is interested in **foreign** culture.
珍妮佛對**外國**文化很有興趣。

❖ ***foreigner*** [ˋfɔrɪnɚ] 名 外國人
❖ ***foreign-born*** [ˋfɔrɪn͵bɔrn] 形 生於國外的

0676 □ national [ˋnæʃənl̩] 形 全國性的；國家的

1. Mr. Lin will go to a **national** meeting tomorrow.
林先生明天要參加一個**全國性的**會議。

❖ ***nation*** [ˋneʃən] 名 國民；國家
❖ ***nationality*** [͵næʃəˋnælətɪ] 名 國籍

0677 □ public [ˋpʌblɪk] 名 公眾 形 公眾的；公共的

1. This garden will be open to the **public**(名) next week.
這個花園下週將開放給**大眾**。
2. That is a **public**(形) swimming pool. 那是個**公共**游泳池。

❖ ***in public*** 公開地；當眾　　❖ ***public holiday*** 國定假日

Group 074

Disk 2

37

0678 □ **bank** [bæŋk] 名 可數 (-s) 銀行

1. Ben saves his money in two **banks**.
   班把錢存在兩家銀行裡。

❖ ***bank account*** 銀行帳户 ❖ ***bank balance*** 銀行存款餘額
❖ ***bankbook*** [ˋbæŋk͵bʊk] 名 銀行存摺

0679 □ **church** [tʃɜtʃ] 名 可數 (-es) 教堂

1. Jason's family goes to **church** on Sundays.
   傑森一家每星期天都會去教堂做禮拜。

❖ ***churchgoer*** [ˋtʃɜtʃ͵goɚ] 名 經常去做禮拜的人
❖ ***churchgoing*** [ˋtʃɜtʃ͵goɪŋ] 名 上教堂 形 經常上教堂的

0680 □ **club** [klʌb] 名 可數 (-s) 俱樂部；夜總會；會；社

1. Emma joins her school's dancing **club**.
   艾瑪參加了學校的舞蹈社。
2. Do you want to go to the night **club** with us later?
   你待會想跟我們去夜總會嗎？

❖ ***clubber*** [ˋklʌbɚ] 名 俱樂部會員
❖ ***clubbing*** [ˋklʌbɪŋ] 名 參加夜總會活動

0681 □ **factory** [ˋfæktərɪ] 名 可數 (-ies) 工廠

1. Does your father work in that **factory**?
   你父親在那家工廠工作嗎？

0682 □ **hotel** [ho`tɛl] 名 可數 (-s) 旅館；飯店

1. How many nights are you staying in our **hotel**?
   你在我們旅館要待上幾晚？

0683 □ **office** [`ɔfɪs] 名 可數 (-s) 辦公室；營業處

1. You can call me at the **office**.
   你可以打電話到辦公室找我。

> ❖ ***officer*** [`ɔfəsɚ] 名 公務員；職員
> ❖ ***office building*** 辦公大樓 ❖ ***office hour*** 營業、辦公時間

0684 □ **park** [pɑrk] 名 可數 (-s) 公園 及物 停放（車輛等）

1. Susan asked me to take her to the **park**[名].
   蘇珊要我帶她去公園。
2. Where did you **park**[及] your car? 你把車停在哪裡？

> ❖ ***parkway*** [`pɑrk͵we] 名 公園大道；風景區幹道
> ❖ ***parking*** [`pɑrkɪŋ] 名 停車
> ❖ ***parking lot*** 停車場 ❖ ***parking space*** 停車位

0685 □ **party** [`pɑrtɪ] 名 可數 (-ies) 派對；集會

1. Why don't you come to the **party** tonight?
   你何不今晚來參加派對呢？

0686 □ **place** [ples] 名 可數 (-s) 地方；地點；寓所

1. Is there any **place** you want to go?
   你有任何地方想去嗎？

2. We had dinner at Sally's **place** last night.
我們昨晚在莎莉家吃晚飯。

❖ ***all over the place*** 到處	❖ ***change places with*** 交換位置
❖ ***take the place of*** 代替	❖ ***in the first place*** 首先
❖ ***in the next place*** 其次	❖ ***take place*** 發生

0687 □ post office [`post `ɔfɪs] 名 可數 (-s) 郵局

1. Will you go to the **post office** today?
你今天會去郵局嗎？

❖ ***post office box*** 郵政信箱
❖ ***postage*** [`postɪdʒ] 名 郵資；郵費
❖ ***postman*** [`postmən] 名 郵差（英式美語）
❖ ***postmark*** [`post͵mɑrk] 名 郵戳

0688 □ restaurant [`rɛstərənt] 名 可數 (-s) 餐廳

1. I know a good Italian **restaurant**. Do you want to go?
我知道一家不錯的義大利餐廳，你想要去嗎？

0689 □ museum [mju`zɪəm] 名 可數 (-s) 博物館；展覽館

1. Father will take us to the art **museum** this weekend.
爸爸這個週末要帶我們去美術館。

0690 □ zoo [zu] 名 可數 (-es) 動物園

1. Jimmy likes to go to the **zoo**. 吉米喜歡去動物園。

Group 075

Disk 2

38

0691 □ **bakery** [ˋbekərɪ] 名 可數 (-ies) 麵包店；糕餅店

1. I like the chocolate cake in that **bakery**.
   我喜歡那家麵包店的巧克力蛋糕。

❖ ***bake*** [bek] 動 烘；烤 ❖ ***baking*** [ˋbekɪŋ] 名 烘培；烘烤

0692 □ **bookstore** [ˋbʊkˏstor] 名 可數 (-s) 書店

1. Kelly spent an hour in the **bookstore**.
   凱莉花了一個小時在書店裡。

0693 □ **convenient** [kənˋvinjənt] 形 合宜的；方便的

1. It is very **convenient** to take a bus to town from here.
   從這裡坐公車到市中心非常方便。

❖ 形容詞變化：***more convenient, most convenient***
❖ ***conveniently*** [kənˋvinjəntlɪ] 副 便利地；方便地

0694 □ **department store** [dɪˋpɑrtmənt ˋstɔr] 名 可數 (-s) 百貨公司

1. Judy and I went shopping in the **department store**.
   茱蒂和我去百貨公司購物。

0695 □ **library** [ˋlaɪˏbrɛrɪ] 名 可數 (-ies) 圖書館

1. Andy wants to go to the **library** and find some old news.
   安迪想去圖書館找些舊新聞。

0696 □ **market** [`mɑrkɪt] 名 可數 (-s) 市場；市集

1. Mother goes to the **market** every day to buy fresh food.
   媽媽每天早上都到**市場**去買新鮮的食物。

- ❖ ***marketable*** [`mɑrkɪtəbḷ] 形 可銷售的；市場的
- ❖ ***marketing*** [`mɑrkɪtɪŋ] 名 （市場的）交易；銷售
- ❖ ***market place*** 市場；集市

0697 □ **sale** [sel] 名 可數 (-s) 不可 出售；銷路；特價拍賣

1. These fruits are not suitable for **sale**.
   這些水果不適合**出售**。
2. Many clothes in the shopping center are on **sale**.
   購物中心裡有許多衣服都在**特價拍賣**。

- ❖ ***saleable*** [`seləbḷ] 形 適於銷售的；暢銷的
- ❖ ***sales*** [`selz] 形 銷售的 名 銷售（額）
- ❖ ***salesclerk*** [`selz͵klɝk] 名 銷售員；店員；推銷員

0698 □ **shop** [ʃɑp] 名 可數 (-s) 商店

1. Diana bought some candy from that **shop**.
   黛安娜在那家**店**裡買了些糖果。

- ❖ ***shopkeeper*** [`ʃɑp͵kipɚ] 名 店主
- ❖ ***shopper*** [`ʃɑpɚ] 名 顧客；購物者
- ❖ ***shopping*** [`ʃɑpɪŋ] 名 買東西；購物
- ❖ ***shopping center*** 購物中心
- ❖ ***shopping mall*** 大型購物商場

0699 □ **store** [stɔr] 名 可數 (-s) 店；店鋪

1. Would you please go to the grocery **store** to buy a dozen eggs? 請你到雜貨店買一打蛋好嗎？

0700 □ **supermarket** [ˋsupɚˏmɑrkɪt] 名 可數 (-s) 超級市場

1. We can get some frozen food in the **supermarket**.
   我們可以在超級市場買到冷凍食品。

0701 □ **theater** [ˋθiətɚ] 名 可數 (-s) 電影院；劇場

1. Let's go to see a movie in that new **theater**.
   我們去那家新的電影院看場電影吧。
2. There is a new musical in that **theater**.
   那家劇場正上演一齣新的音樂劇。

❖ ***theatergoer*** [ˋθiətɚˏgoɚ] 名 經常看戲的人；愛看戲的人
❖ ***theatrical*** [θɪˋætrɪkḷ] 形 劇場的；戲劇的

Group 076

Disk 2

0702 □ **hospital** [ˋhɑspɪtḷ] 名 可數 (-s) 醫院

1. My sick grandmother is in the **hospital**.
   我生病的奶奶在醫院裡。

❖ ***hospitalize*** [ˋhɑspɪtḷˏaɪz] 動 使住院治療

0703 □ headache [ˋhɛd͵ek] 名 可數 (-s) 頭痛

1. Will has a **headache**, and he can't do anything.
   威爾**頭痛**，什麼事也不能做。

❖ ***headachy*** [ˋhɛd͵ekɪ] 形 頭痛的

0704 □ health [hɛlθ] 名 不可 健康；健康狀況

1. Smoking and drinking are bad for our **health**.
   抽菸喝酒有害**健康**。

❖ ***healthy*** [ˋhɛlθɪ] 形 健康的 ❖ ***healthily*** [ˋhɛlθəlɪ] 副 健康地
❖ ***healthful*** [ˋhɛlθfəl] 形 益於健康的

0705 □ life [laɪf] 名 可數 (-ies) 不可 生命；性命

1. Ivy took the sick cat to the animal hospital and saved its **life**. 艾薇將生病的小貓送到獸醫院，救了牠一**命**。

❖ ***for life*** 終生 ❖ ***come to life*** 甦醒
❖ ***lifelong*** [ˋlaɪf͵lɔŋ] 形 終身的；一輩子的
❖ ***lifetime*** [ˋlaɪf͵taɪm] 名 一生；終身 形 一生的；終身的

0706 □ medicine [ˋmɛdəsn̩] 名 不可 藥物

1. Mark has to take the **medicine** three times a day.
   馬克每天要服三次**藥**。

0707 □ save [sev] 及物 挽救；儲存

1. The doctor **saved** the child's life. 醫生**救**了孩子一命。
2. Robert hopes to **save** enough money to buy a house.
   羅伯希望能**存**夠錢買房子。

❖ 動詞變化：***saved, saved, saving***

❖ ***saving*** [`sevɪŋ] 名 救助；節約 形 救助的；節儉的

0708 □ **live** [lɪv] 不及 居住；生活 [laɪv] 形 現場的；有生命的

1. Where does Linda **live**不及? 琳達住在哪裡？
2. There will be a **live**形 music concert in the park tomorrow. 明天在公園裡會有一場現場音樂演奏會。

❖ 動詞變化：***lived, lived, living***
❖ ***live by*** 靠……過活
❖ ***live with*** 與……一起住
❖ ***live through*** 經歷過

0709 □ **die** [daɪ] 不及 死

1. Kevin's grandfather **died** in the war.
凱文的爺爺死於戰爭。

❖ 動詞變化：***died, died, dying***
❖ ***die away*** 變弱；逐漸止息
❖ ***die of/from*** 因……而死
❖ ***die down*** 逐漸消失
❖ ***die out*** 逐漸消失；滅絕

0710 □ **dead** [dɛd] 形 死的

1. Is the actor **dead** at the end of movie?
那男主角在電影最後死了嗎？

0711 □ **kill** [kɪl] 及物 殺死；宰

1. The farmer **killed** a chicken for dinner.
農夫宰了一隻雞當晚餐。

❖ 動詞變化：***killed, killed, killing***

❖ ***kill oneself*** 自殺

❖ ***killer*** [ˋkɪlɚ] 名 殺人者；兇手

❖ ***killed*** [ˋkɪld] 形 被殺死的

練習題 Exercise 13

☞Ans. p.381

1 看圖填充：請填入正確的建築物名稱。

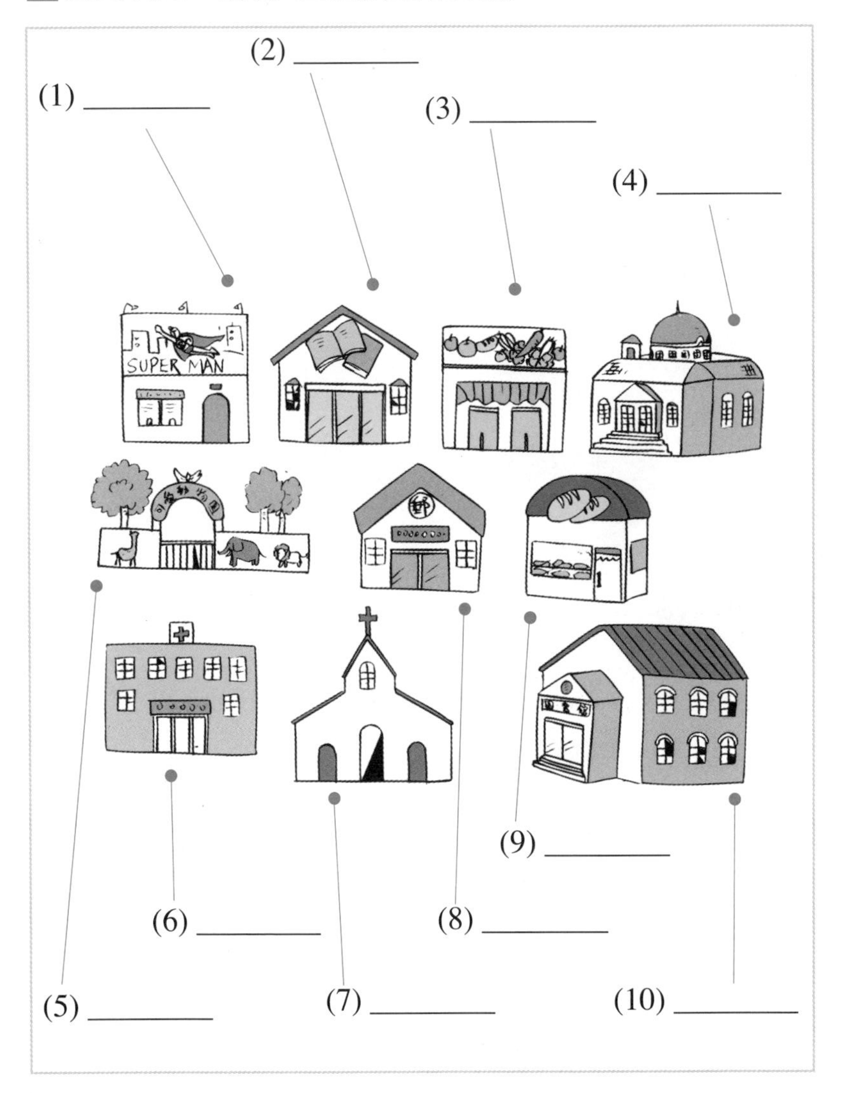

2 填字遊戲

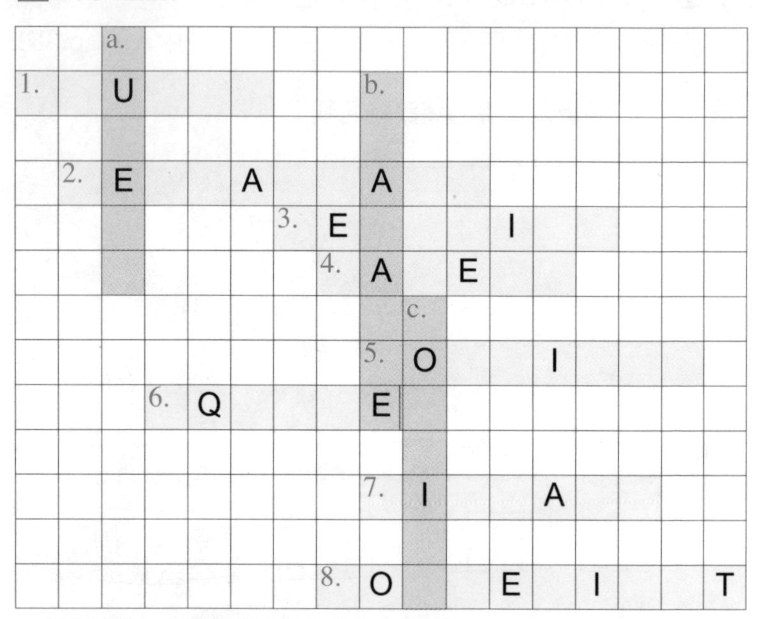

✪ 雙線標示，表示單字字尾的最後一格。

Across

1. Joseph believes in God and goes to ______ every Sunday.
2. Let's go to that _______. I am so hungry.
3. Linda has caught a cold and has to take ________ three times a day.
4. Let's go buy some bread in that ______.
5. I need to see a doctor in the _____.
6. Have you ever been to Time ______ in New York?
7. Maggie went to the _______ to study.
8. The bus stop is near my house. It is very _______ for me to take a bus.

Down

a. Frank wants to go to a modern art ______ this weekend.

b. My head hurts very much. I have a ________.

c. I have a _______ friend who comes from the USA.

3 拼字組合

1. muspreektra s________
2. leahth h________
3. ttheaer t________
4. tteers s________
5. uoncryt c________

Schools and Study

學校與學習

Group 077

Disk 3

0712 □ **school** [skul] 名 可數 (-s) 學校；全校師生

1. Johnny makes many friends in **school**.
   強尼在學校裡交了許多朋友。
2. The whole **school** is going to the zoo today.
   今天全校都要去動物園。

❖ ***school age*** 入學年齡	❖ ***school book*** 教科書
❖ ***school bus*** 校車	❖ ***school day*** 上課的日子

0713 □ **elementary school** [ˏɛlə`mɛntərɪ `skul] 名 小學

1. Mother takes my little sister to the **elementary school** everyday. 媽媽每天早上都帶我妹妹去上小學。

0714 □ **junior high school** [`dʒunjɚ `haɪ `skul] 名 初級中學；國中

1. Which **junior high school** does Hank go to?
   漢克上哪一所國中？

0715 □ **senior high school** [`sinjɚ `haɪ `skul] 名 高級中學；高中

1. Judy has been studying hard since she went to **senior high school**. 茱蒂自從上了高中後，便一直很用功。

0716 □ **classroom** [`klæsˏrum] 名 可數 (-s) 教室

1. We will hold a party in our **classroom** tomorrow.
   我們明天要在教室裡辦一個派對。

❖ ***classwork*** [ˋklæs,wɝk] 名 功課；課業
❖ ***classmate*** [ˋklæs,met] 名 同班同學

0717 □ **playground** [ˋple,graʊnd] 名 可數 (-s) （學校的）操場；（兒童的）遊樂場

1. Let's go join Linda and Nancy on the **playground**.
   我們去操場加入琳達和南西吧。
2. There are many children on the **playground**.
   遊樂場裡有許多孩子。

Group 078

Disk 3

0718 □ **class** [klæs] 名 可數 (-es) 班級；（一節）課

1. Which **class** are you in? 你上哪一班？
2. When is your last **class**? 你最後一節課是什麼時候？

0719 □ **lesson** [ˋlɛsn̩] 名 可數 (-s) 課業；（教科書中的）一課

1. Dan is taking Chinese **lessons** from a private tutor.
   丹目前在一位家教那上中文課。
2. Please turn to **Lesson** One. 請翻開到第一課。

0720 □ **program** [ˋprogræm] 名 可數 (-s) 課程；節目

1. This school has a great music **program**.
   這所學校有很棒的音樂課程。
2. This is my favorite television **program**.
   這是我最愛看的電視節目。

0721 □ **group** [grup] 名 可數 (-s) 組；團體

1. There are ten people in a **group**. 一組有十個人。

0722 □ **rule** [rul] 名 可數 (-s) 規則；規定

1. One of the **rules** is that we can't eat during class.
   班上的其中一條規定是，上課時不能吃東西。

0723 □ **student** [ˋstjudn̩t] 名 可數 (-s) 學生

1. There are fifty **students** in my class.
   我班上有 50 位學生。

0724 □ **teacher** [ˋtitʃɚ] 名 可數 (-s) 老師

1. Annie is an elementary **teacher**. 安妮是位小學老師。

0725 □ **blackboard** [ˋblækˏbord] 名 可數 (-s) 黑板

1. Students like to draw on the **blackboard**.
   學生們喜歡在黑板上塗鴉。

0726 □ **chalk** [tʃɔk] 名 可數 不可 (-s) 粉筆

1. There are different colors of **chalks**.
   有許多不同顏色的粉筆。
2. Our teacher wrote a sentence on the blackboard with

chalk. 不可 我們的老師用粉筆在黑板上寫了一個句子。

0727 □ **bell** [bɛl] 名 可數 (-s) 鈴；鐘聲

1. The **bell** is ringing, and it is time to go to class.
   鐘聲在響，該是上課的時候了。

Group 079

Disk 3 3

0728 □ **ruler** [ˋrulɚ] 名 可數 (-s) 尺；直尺

1. Jessie went to buy a **ruler** for tomorrow's class.
   潔西為明天的課去買直尺。

0729 □ **eraser** [ɪˋresɚ] 名 可數 (-s) 橡皮擦；黑板擦

1. The teacher uses an **eraser** to clean the blackboard.
   老師用板擦把黑板擦乾淨。

❖ ***erase*** [ɪˋres] 動 擦掉；抹去；清除

0730 □ **pen** [pɛn] 名 可數 (-s) 筆；鋼筆

1. May I borrow your **pen**? 可以跟你借一下你的筆嗎？

❖ ***pen pal*** 筆友　　❖ ***pen name*** 筆名

0731 □ **pencil** [ˋpɛnsl̩] 名 可數 (-s) 鉛筆

1. The teacher gave each of us several **pencils**
   老師給了我們每個人幾支鉛筆。

0732 □ **paper** [ˋpepɚ] 名 不可 紙 可數 (-s) 報告；試卷

1. Do you have **paper** and a pen? 你有紙和筆嗎？
2. Lisa has not finished her **papers**.
   莉莎還沒有寫完她的報告。

0733 □ **list** [lɪst] 名 可數 (-s) 名單；冊；表

1. The teacher gave us a reading **list** on the first day of school. 老師在上課的第一天給了我們一張書單。

0734 □ **dictionary** [ˋdɪkʃən͵ɛrɪ] 名 可數 (-ies) 字典；辭典

1. You need a good **dictionary** if you want to learn English well. 如果你想學好英文，就需要一本好字典。

0735 □ **notebook** [ˋnot͵bʊk] 名 可數 (-s) 筆記本；筆記型電腦

1. Jane read her **notebook** before the test.
   珍在考試前閱讀她的筆記本。
2. Fannie has all her work in the **notebook**.
   芬妮所有的作業都存在筆記型電腦裡。

0736 □ **workbook** [ˋwɝk͵bʊk] 名 可數 (-s) 習題簿；練習本

1. I have to do the **workbook** from page seventy to page eighty today. 我今天要做習題本的第 70 頁到第 80 頁。

0737 □ **homework** [ˋhom͵wɝk] 名 不可 家庭作業

1. Have you finished today's **homework**?
   你做完今天的作業了嗎？

Group 080

Disk 3

4

0738 □ **word** [wɝd] 名 可數 (-s) 單字；詞

1. Can you write the **word** "student" on the whiteboard?
   你可以在白板上寫出「student」一字嗎？

❖ ***break one's word*** 失信　❖ ***in a word*** 簡而言之
❖ ***keep one's word*** 遵守諾言

0739 □ **sentence** [ˋsɛntəns] 名 可數 (-s) 句子

1. Can you make a **sentence** with "not only but also"?
   你可以用「not only…but also」來造一個句子嗎？

0740 □ **example** [ɪgˋzæmpḷ] 名 可數 (-s) 例子；範例

1. The teacher gave us an **example** of how to use the word "run." 老師給了我們一個使用「run」這個字的例子。

0741 □ **knowledge** [ˋnɑlɪdʒ] 名 不可 知識；學問

1. Steve is a man with **knowledge**.
   史蒂夫是個有學問的人。

0742 □ **language** [ˋlæŋgwɪdʒ] 名 可數 (-s) 語言

1. Kevin can speak three different **languages**.
   凱文會說三種不同的語言。

0743 □ **math, mathematics** [mæθ] [ˏmæθəˋmætɪks] ㊔㊅不可 數學；數學運算

1. Will is good at **math**. 威爾的數學很好。
2. **Mathematics** is his favorite subject.
   數學是他最喜歡的科目。

0744 □ **English** [ˋɪŋglɪʃ] ㊔不可 英語；英國人 ㊒ 英國的

1. Judy's **English**㊔ is very good. 茱蒂的英文很好。
2. David is **English**.㊒ 大衛是英國人。

0745 □ **PE** ㊔ = physical education 體育課

1. We are going to play basketball during **physical education (PE)**. 我們上體育課時要打籃球。

0746 □ **history** [ˋhɪstərɪ] ㊔不可 歷史；史學；沿革

1. Alice knows a lot about American **history**.
   艾莉絲很了解美國歷史。
2. Do you know the **history** of this building?
   你知道這棟建築物的歷史沿革嗎？

❖ ***historic*** [hɪsˋtɔrɪk] ㊒ 歷史上著名的；歷史上有重大意義的
❖ ***historical*** [hɪsˋtɔrɪkḷ] ㊒ 歷史的；史學的

Group 081

Disk 3 5

0747 □ answer

[ˋænsɚ] 名 可數 (-s) 回答 及物 回答；接（電話）不及 回答

1. What was Andy's **answer**(名)? 安迪的回答是什麼？
2. Can anyone **answer**(及) the phone? 有沒有人可以接電話？
3. Lily **answered**(及) the question first. 莉莉先回答了問題。
4. I knocked on his door but no one **answered**(不及).
   我敲了他的門，但是沒人回應。

> ❖ 動詞變化：***answered, answered, answering***
> ❖ ***in answer to*** 作爲對……的回答
> ❖ ***answer for*** 對……負責；因……而受罰

0748 □ ask

[æsk] 及物 不及 詢問；要求

1. May I **ask**(及) you a question? 我可以問你一個問題嗎？
2. George came to **ask**(及) me for a favor.
   喬治來要我幫個忙。
3. Why do you **ask**(不及)? 你為什麼問？

> ❖ 動詞變化：***asked, asked, asking***
> ❖ ***ask for*** 要求　　❖ ***ask for it*** 自討苦吃

0749 □ cheat

[tʃit] 及物 欺騙 不及 作弊；行騙

1. He **cheated**(及) his wife of her money. 他騙了他太太的錢。
2. Don't **cheat**(不及) on the test. 考試不要作弊。

> ❖ 動詞變化：***cheated, cheated, cheating***
> ❖ ***cheat sb. (out) of sth.*** 騙取某人某物

0750 □ **check** [tʃɛk] 名 可數 (-s) 支票 及物 檢查；檢驗

1. Can I pay it by **check**[名]? 我可以付支票嗎？
2. Did you **check**[及] your bag? 你檢查過你的袋子了嗎？

❖ 動詞變化：***checked, checked, checking***
❖ ***check in*** 登記；報到　❖ ***check on = check over*** 檢查
❖ ***check out*** 結帳離開　❖ ***check up*** 核對；調查

0751 □ **copy** [ˋkɑpɪ] 名 可數 (-ies) 副本 及物 抄寫；複製

1. Please make a **copy**[名] of it. 請印一份副本。
2. Jack **copied**[及] Frank's answers during the test.
   傑克考試時抄了法蘭克的答案。

❖ 動詞變化：***copied, copied, copying***
❖ ***copy down*** 記下；抄下　❖ ***copy out*** 抄寫出……的副本

0752 □ **enter** [ˋɛntɚ] 及物 進入

1. Where can we **enter** the playground?
   我們該從哪裡進入遊樂場？

❖ 動詞變化：***entered, entered, entering***

0753 □ **finish** [ˋfɪnɪʃ] 及物 不及 完成；結束

1. Would you please **finish**[及] this by tomorrow?
   可以請你在明天之前完成嗎？
2. When will the show **finish**[不及]? 這場表演什麼時候結束？

❖ 動詞變化：***finished, finished, finishing***

0754 □ know [no] 及物 不及 知道；了解

1. Do you **know**[及] anything about the news?
   你知道那件新聞嗎？
2. I don't **know**[不及] about it. 我對此不是很了解。

❖ 動詞變化：***knew, known, knowing***

0755 □ learn [lɜn] 及物 不及 學習；學會

1. Peggy is **learning**[及] to play the piano in school.
   佩姬在學校裡學鋼琴。
2. We all should **learn**[不及] from mistakes.
   我們都應該從錯誤中學習。

❖ 動詞變化：***learned***（美式）***/learnt***（英式），***learned/ learnt, learning***
❖ ***learn from*** 從……記取教訓 ❖ ***learn of*** 獲悉

0756 □ teach [titʃ] 及物 不及 教授；教導

1. My brother always **teaches**[及] me math.
   我的哥哥總是會教我數學。
2. Ms. Lin **teaches**[不及] in my elementary school.
   林女士在我的小學教書。

❖ 動詞變化：***taught, taught, teaching***
❖ ***teaching*** [ˋtitʃɪŋ] 名 教學；講授

0757 □ pass [pæs] 及物 不及 經過；（考試）及格

1. We will **pass**[及] a school before we get to the restaurant.
我們到達餐廳前會先經過一所學校。
2. I **passed**[及] the test. 我考試及格了。
3. This week **passed**[不及] so fast. 這禮拜過得真快。

❖ 動詞變化：***passed, passed, passing***

0758 □ prepare [prɪ`pɛr] 及物 準備；做（飯菜）
不及 準備；預備

1. Mother will have dinner **prepared**[及] for us when we get home. 我們回家時，媽媽就會已經準備好飯菜了。
2. Let's **prepare**[不及] for the picnic! 讓我們來為郊遊準備吧！

❖ 動詞變化：***prepared, prepared, preparing***
❖ ***prepare for*** 爲……做準備

0759 □ read [rid] 及物 不及 閱讀；讀到

1. Did you **read**[及] that news? 你讀過那篇新聞報導了嗎？
2. Allan doesn't like to **read**[不及]. 艾倫不喜歡閱讀。

❖ 動詞變化：***read, read, reading***

0760 □ repeat [rɪ`pit] 及物 不及 照著說；重複

1. **Repeat** the sentence after me. 跟著我把句子說一遍。
2. Everybody, **repeat** after me. 大家跟著我唸一遍。

❖ 動詞變化：***repeated, repeated, repeating***
❖ ***repeat oneself*** 重複

0761 □ **spell** [spɛl] 及物 不及 拼寫；用字母拼寫

1. Do you know how to **spell**及 "repeat"?
   你知道怎麼拼「repeat」嗎？
2. Five-year-old Susan can't **spell**不及 well.
   五歲的蘇珊不太會拼字。

> ❖ 動詞變化：***spelled/spelt, spelled/spelt, spelling***

0762 □ **study** [ˋstʌdɪ] 及物 不及 學習；研究

1. Tom has **studied**及 Chinese for a year.
   湯姆已經學了一年中文。
2. Robert **studies**不及 very hard. 羅伯非常用功。

> ❖ 動詞變化：***studied, studied, studying***

0763 □ **understand** [ˏʌndɚˋstænd] 及物 不及 熟悉；了解

1. I don't **understand**及 this question. 我不了解這個問題。
2. Do you **understand**不及? 你了解嗎？

> ❖ 動詞變化：***understood, understood, understanding***

0764 □ **write** [raɪt] 及物 不及 寫字；書寫

1. Linda **wrote**及 me a letter. 琳達寫了封信給我。
2. Kevin **wrote**不及 to his girlfriend every day.
   凱文每天都寫信給他的女朋友。

> ❖ 動詞變化：***wrote, written, writing***
>
> ❖ ***writing*** [ˋraɪtɪŋ] 名 寫作；著作；文件
>
> ❖ ***write down*** 把……寫下 ❖ ***write out*** 寫出

Group 082

Disk 3

6

0765 □ **correct** [kə`rɛkt] 形 正確的；對的

1. You are **correct**. 你說對了。
2. What is the **correct** answer? 正確答案是什麼？

❖ ***correction*** [kə`rɛkʃən] 名 修改；訂正

❖ ***correctly*** [kə`rɛktlɪ] 副 正確地

0766 □ **excellent** [`ɛksələnt] 形 出色的；傑出的

1. What an **excellent** dancer! 真是傑出的舞者啊！

❖ ***excellence*** [`ɛksələns] 名 優秀；傑出

❖ ***excellently*** [`ɛksələntlɪ] 副 優異地；極好地

0767 □ **excuse** [ɪk`skjuz] 名 可數 (-s) 藉口 及物 准許……離開

1. Don't make **excuses**名 for being late.
   你遲到不要找藉口。
2. Please **excuse**及 me for a while. 請准許我離開一會。

❖ 動詞變化：***excused, excused, excusing***

❖ ***Excuse me.*** 對不起！（用於道歉、麻煩別人或沒聽清楚他人的話時）

0768 □ **fact** [fækt] 名 可數 (-s) 事實

1. The **fact** is that Jack didn't tell you the truth.
   事實上是傑克沒有跟你說實話。

❖ ***as a matter of fact*** = ***in fact*** 事實上

0769 □ **grade** [gred] 名可數 (-s) 成績；級別

1. Denny doesn't have good **grades** in math.
   丹尼的數學**成績**不好。
2. Which **grade** are you in this year? 你今年幾**年級**？

❖ ***graded*** [gredɪd] 形 按年級分的；分等級的

❖ ***grading*** [ˋgredɪŋ] 名 定等級；分類

0770 □ **mark** [mɑrk] 及物 給（試卷等）打分數；作記號 名可數 (-s) 記號；符號

1. The teacher **marks**及 our test papers.
   老師為我們的考卷**打成績**。
2. There is a **mark**名 on this desk. 這張桌子上有個**記號**。

❖ 動詞變化：***marked, marked, marking***

❖ ***marked*** [mɑrkt] 形 有記號的；顯著的

❖ ***mark down*** 記下 ❖ ***mark out*** 制定

0771 □ **mistake** [məˋstek] 及物 誤認 名可數 (-s) 錯誤；過失

1. I **mistook**及 Linda for her twin sister Amy.
   把我琳達**誤認**為是她的雙胞胎姐姐艾咪了。
2. Did I make a **mistake**名? 我犯**錯**了嗎？

❖ 動詞變化：***mistook, mistaken, mistaking***

Unit 14 學校與學習 Group 082

0772 □ **problem** [ˋprɑbləm] 名 可數 (-s) 問題；疑難問題

1. There is a traffic **problem** in this city.
   這個城市有交通問題。

❖ ***problematic*** [ˏprɑbləˋmætɪk] 形 問題的；疑難的
❖ ***problem-solving*** [ˋprɑbləmˋsɑlvɪŋ] 名 解決問題；找出問題的答案

0773 □ **question** [ˋkwɛstʃən] 名 可數 (-s) 問題；疑問

1. Please call me if you have any **questions**.
   如果有任何疑問，請打電話給我。

❖ ***come into question*** 被討論
❖ ***in question*** 討論中的；考慮中的
❖ ***out of the question*** 不可能的

0774 □ **ready** [ˋrɛdɪ] 形 準備好的

1. Are you **ready** to go now? 你現在準備好要走了嗎？

❖ ***ready for*** 對……有適合準備、條件等
❖ ***make ready*** 準備好

0775 □ **test** [tɛst] 名 可數 (-s) 測驗；檢驗

1. Joyce is studying for the **test** tomorrow.
   喬伊絲正在唸書準備明天的考試。

0776 □ **wrong** [rɔŋ] 形 錯誤的；不對的；出毛病的

1. It is **wrong** to do that. 那樣做是不對的。
2. Will something go **wrong**? 會出問題嗎？

練習題 Exercise 14

☞Ans. p.382

1 看圖填充：請填入正確的文具、教材及人物身分。

4 填字遊戲

				c.											
				1.		U		E			S				
2.		A	b.	K		O									
	a.														
	O	3.	A			U		d.	E						
	4.	U			R										
						5.		A			L				
						6.	N						A		
							7.	E				T			
8.	O			E											

Across

1. There are 30 ________ in the class.
2. The teacher writes a sentence on the _______.
3. Will can speak two ______, English and Japanese.
4. I need a ________ to draw straight lines.
5. Can you give me an ______ of how to use the expression "to be"?
6. I don't _________ what you said. Would you please say that again?
7. The teacher asked everybody to _______ the sentence after him.
8. Hank's answer to the question is _______.

Down

a. The homework today is to finish the _______ from page 100 to page 123.

b. The teacher used yellow _______ to mark the nouns on the blackboard.

c. What did you just _______ me? I didn't hear you.

d. What was your _______ in English? Mine was 85.

3 選擇題

1. What's _____ with you?
   (a) matter (b) wrong (c) happen (d) doing
2. If you don't know a word, you should look it up in a __________.
   (a) notebook (b) workbook (c) dictionary (d) homework
3. _______ me, how do I get to the bus stop?
   (a) Sorry (b) Excuse (c) Please (d) Hello
4. Have you ___________ this book?
   (a) finished reading (b) finish reading (c) finished to read (d) finish to read
5. This letter was ______ by hand.
   (a) write (b) wrote (c) to write (d) written

Transportation
交通與運輸

Group 083

Disk 3

7

0777 □ **airplane, plane** [ˋɛr͵plen] [plen] 名 可數 (-s) 飛機

1. It takes an hour and half to go to Hong Kong by **plane**.
   坐飛機到香港要花一個半小時。

> ❖ ***airsick*** [ˋɛr͵sɪk] 形 暈機的
> ❖ ***airsickness*** [ˋɛr͵sɪknɪs] 名 暈機

0778 □ **bicycle, bike** [ˋbaɪsɪkl̩] [baɪk] 名 可數 (-s) 腳踏車

1. Leslie goes to school by **bicycle** every day.
   萊斯利每天都騎腳踏車上學。

0779 □ **boat** [bot] 名 可數 (-s) 小船；輪船

1. They built a **boat** to cross the river.
   他們造了一艘船過河。

0780 □ **bus** [bʌs] 名 可數 (-es) 巴士；公車

1. Where can I take a **bus** to town?
   哪裡可以搭公車去市中心？

> ❖ ***bus stop*** 公車的停車站　　❖ ***bus station*** 公車站

0781 □ **car** [kɑr] 名 可數 (-s) 汽車

1. What kinds of **cars** do you like? 你喜歡什麼樣的車？

0782 □ **Internet** [ˋɪntɚˏnɛt] 名 網際網路

1. Richard bought his second-hand car on the **Internet**.
   理察在網路上買到他的二手車。

0783 □ **motorcycle** [ˋmotɚˏsaɪkḷ] 名 可數 (-s) 摩托車

1. David got a **motorcycle** on his birthday.
   大衛生日時，得到一台摩托車。

0784 □ **ship** [ʃɪp] 名 可數 (-s) 船；艦

1. We traveled to New York from London by **ship**.
   我們從倫敦坐船到紐約旅遊。

0785 □ **taxi** [ˋtæksɪ] 名 可數 (-s) 計程車

1. Frank lost his job last month, and now he is a **taxi** driver.
   法蘭克上個月丟了工作，現在他是個計程車司機。

0786 □ **train** [tren] 名 可數 (-s) 火車 及物 訓練；鍛鍊

1. Ann met Dan on the **train**[名] to Chicago.
   安在前往芝加哥的火車上遇見丹。
2. The company **trained**[及] Bill to be a salesman.
   公司把比爾訓練成一位業務員。

- ❖ 動詞變化：***trained, trained, training***
- ❖ ***trainable*** [ˋtrenəbḷ] 形 可訓練的；可教育的
- ❖ ***trainee*** [treˋni] 名 練習生；受訓者
- ❖ ***trainer*** [ˋtrenɚ] 名 訓練人；教練員

0787 □ **truck** [trʌk] 名 可數 (-s) 卡車；貨車

1. Sally rented a **truck** to help her move.
   莎莉雇用了一台卡車幫她搬家。

Group 084

Disk 3

8

0788 □ **airport** [ˋɛr͵port] 名 可數 (-s) 機場；航空站

1. I would like to go to the **airport**, please.
   麻煩你，我想要到**機場**。

0789 □ **bridge** [brɪdʒ] 名 可數 (-s) 橋；橋樑

1. This **bridge** is not for cars. 這座**橋**上是不能開車的。

❖ ***bridgework*** [ˋbrɪdʒ͵wɝk] 名 架橋工程

❖ ***bridging*** [ˋbrɪdʒɪŋ] 名 樑間的撐柱；架橋

0790 □ **railway** [ˋrel͵we] 名 可數 (-s) 鐵路；鐵道

1. This **railway/railroad** is no longer in use.
   這條**鐵路**已不再使用。

❖ ***railway***是英式用法，美式用法是***railroad*** [ˋrel͵rod]。

0791 □ **sidewalk** [ˋsaɪd͵wɔk] 名 可數 (-s) 人行道

1. Maggie fell down while she was walking on the **sidewalk**. 瑪姬走在人行道上時跌倒了。

0792 □ **station** [ˋsteʃən] 名 可數 (-s) 車站；站；所；署

1. We will meet at the train **station** tomorrow morning.
   我們明天一早將在火車站碰面。
2. The thief was caught and sent to the police **station**.
   小偷被抓並被送到警察局。

0793 □ **traffic** [ˋtræfɪk] 名 不可 交通；交通量

1. The **traffic** is very heavy in the morning every day.
   每天早上的交通都很繁忙。

❖ ***traffic jam*** 交通壅塞 ❖ ***traffic circle*** 交通路口圓環
❖ ***traffic island*** （道路的）安全島

0794 □ **way** [we] 名 可數 (-s) 路；道路；方式

1. There is no other **way** but to go straight.
   除了直走，沒有其他的路了。
2. Our English teacher always teaches in different **ways**.
   我們的英文老師總是有不同的教學方式。

❖ ***by way of*** 經由 ❖ ***by the way*** 順便說說
❖ ***give way*** 讓步 ❖ ***in a way*** 在某種程度上
❖ ***get one's own way*** 爲所欲爲

Group 085

Disk 3

8

0795 □ **card** [kɑrd] 名 可數 (-s) 卡片；撲克牌

1. I sent a birthday **card** to Carol. 我寄了一張生日卡給卡蘿。
2. Do you want to play **cards**? 你想要玩撲克牌嗎？

0796 □ **email** [ˋimel] = electronic mail 名 電子郵件

1. George wrote me **emails** when he was abroad.
   喬治在國外時會寫電子郵件給我。

0797 □ **gas** [gæs] 名 不可 瓦斯；汽油

1. Do you smell **gas**? 你有聞到瓦斯味嗎？
2. My car has run out of **gas**. 我的車子沒油了。

0798 □ **letter** [ˋlɛtɚ] 名 可數 (-s) 信函；字母

1. I like to receive **letters** written by hand.
   我喜歡收到手寫的信。
2. Can you give me a **letter** that is in the word “elephant”?
   你可以說出單字「elephant」中的任何一個字母嗎？

0799 □ **mail** [mel] 名 不可 郵件 及物 郵寄

1. Is there any **mail**[名] for me? 有我的信嗎？
2. Can you **mail**[及] this box for me?
   可以幫我寄這個盒子嗎？

> ❖ 動詞變化：***mailed, mailed, mailing***
>
> ❖ ***mail order*** 郵購　　❖ ***mailbox*** [ˋmel͵bɑks] 名 郵筒；信箱

0800 □ **mile** [maɪl] 名 可數 (-s) 哩；英里

1. How many **miles** does Daisy run per day?
   黛西每天跑多少英里？

0801 □ **postcard** [ˋpost͵kɑrd] 名 可數 (-s) 明信片

1. Cynthia writes **postcards** to friends no matter where she travels.
   辛西亞不論去哪裡旅行，都會寫明信片給朋友。

Group 086

Disk 3

10

0802 □ **catch** [kætʃ] 及物 接住；抓住；染上（疾病等）

1. My dog, Bobo, can **catch** the ball I throw.
   我的狗波波能接住我丟出去的球。
2. Cathy **caught a cold** and didn't come to school today.
   凱西感冒了，今天沒有來上學。

❖ 動詞變化：***caught, caught, catching***
❖ ***catch up to*** = ***catch up with*** 趕上

0803 □ **dig** [dɪg] 及物 挖；掘

1. The dog **dug** a hole in the ground.
   那隻狗在地上挖了個洞。

❖ 動詞變化：***dug, dug, digging***
❖ ***dig in*** 開始認真工作 ❖ ***dig out*** 發掘到；發現

0804 □ **drive** [draɪv] (及物) 駕駛；用車送（人）(不及) 開車

1. Both of us can **drive**(及) a car. 我們兩人都會開車。
2. Paul **drove**(及) us to the bus station.
   保羅開車載我們去公車站。
3. Does Mike know how to **drive**(不及)? 麥可懂得怎麼開車嗎？

❖ 動詞變化：***drove, driven, driving***

0805 □ **drop** [drɑp] (及物) 下（車）；使滴下 (不及) 掉下；落下

1. Just **drop**(及) me off at the train station.
   讓我在火車站下車就可以了。
2. A book **dropped**(不及) from the table.
   一本書從桌上掉下來了。

❖ 動詞變化：***dropped, dropped, dropping***
❖ ***drop by/in*** 順便拜訪　❖ ***drop out*** 脫離；退出（學校等）

0806 □ **fill** [fɪl] (及物) 裝滿；填滿

1. Let me **fill** your glass with more juice.
   讓我在你的杯裡倒滿果汁。
2. The bottle is **filled** with candy. 瓶子裡裝滿了糖果。

❖ 動詞變化：***filled, filled, filling***
❖ ***fill in*** 填寫；代替　❖ ***fill up*** 裝滿；被填滿

0807 □ **find** [faɪnd] (及物) 找到；發現

1. Look what I **found** in the basement!
   看我在地下室找到了什麼！

2. I **found** Lisa sleeping on the couch when I went home.
我回家時，發現麗莎睡在沙發椅上。

❖ 動詞變化：***found, found, finding*** ❖ ***find out*** 找出；查明

0808 □ **fly** [flaɪ] 及物 駕駛（飛機）不及 飛行；乘飛機

1. Kevin knows how to **fly**[及] a plane. 凱文會駕駛飛機。
2. This bird is hurt and it cannot **fly**[不及].
   這隻鳥受傷了，飛不起來。
3. Sue will **fly**[不及] to Tokyo tomorrow.
   蘇明天會搭飛機到東京。

❖ 動詞變化：***flew, flown, flying***

0809 □ **ride** [raɪd] 名 可數 (-s) 乘坐；搭乘 及物 騎；乘

1. Can you give me a **ride**? 可以讓我搭個便車嗎？
2. Nick learned to **ride** a motorcycle when he was eighteen.
   尼克 18 歲時學騎摩托車。

❖ 動詞變化：***rode, ridden, riding*** ❖ ***ride on*** 騎坐

0810 □ **send** [sɛnd] 及物 發送；寄

1. Sarah **sent** me a birthday card. 莎拉寄了張生日卡給我。

❖ 動詞變化：***sent, sent, sending***
❖ ***send away*** 送走 ❖ ***send for*** 派人去叫

0811 □ **trip** [trɪp] 名 可數 (-s) 旅行；航行

1. We are going on a **trip** to Thailand. 我們要去泰國旅行。

0812 □ visit [ˋvɪzɪt] 及物 參觀；拜訪

1. Tim and I **visited** the new museum last week.
   提姆和我上週去**參觀**了新的博物館。
2. Emma will come to **visit** us this Sunday.
   艾瑪這個星期天會來**拜訪**我們。

- ❖ 動詞變化：***visited, visited, visiting***
- ❖ ***pay/make a visit to*** 參觀；訪問

0813 □ wait [wet] 不及 等；等待

1. I have been **waiting** for the bus for an hour.
   我在這裡**等**公車已經等了一個鐘頭。

- ❖ 動詞變化：***waited, waited, waiting***
- ❖ ***waiting*** [ˋwetɪŋ] 名 等候 形 等待的
- ❖ ***wait and see*** 觀望；等著瞧
- ❖ ***wait for*** 等待
- ❖ ***waiting list*** 候補名單
- ❖ ***waiting room*** 等候室

練習題 Exercise 15

☞Ans. p.382

1 看圖填充：請填入正確的交通工具名稱。

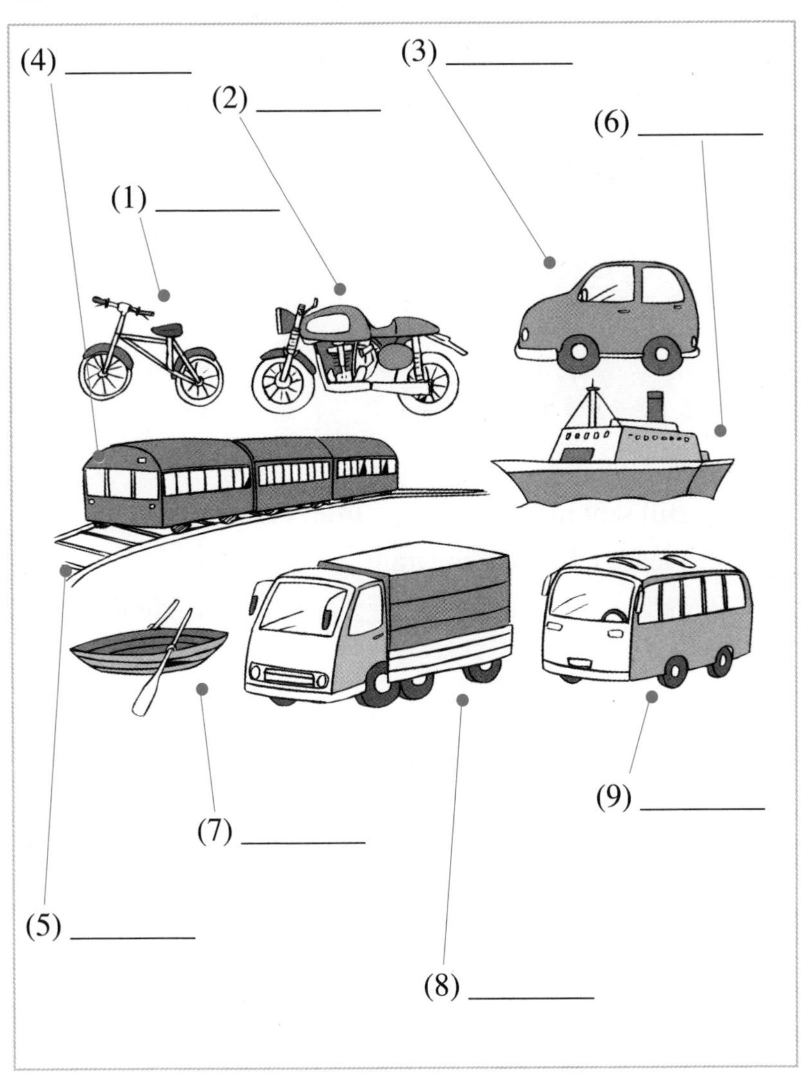

2 填字遊戲

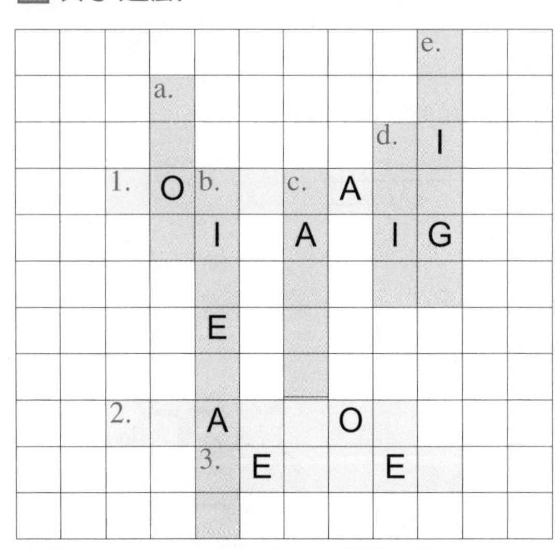

✪ 雙線標示，表示單字字尾的最後一格。

Across

1. Bill sent me a ________ from France.
2. Please take us to the train ________.
3. Jeffrey is writing a ________ to his friend in the USA.

Down

a. Thanks for the ride. You can ________ me off here.

b. You should walk on the ________, not on the road.

c. Do wear enough clothes, or you will ________ a cold.

d. My family will go on a ________ to the USA during the summer vacation.

e. Ivy walked on the ________ to cross the river.

3 選擇題

1. Sue traveled to the USA _______.

   (a) on plane (b) at plane (c) by plane (d) in plane

2. Andy has a car, and he can ________ you home.

   (a) rode (b) ride (c) drove (d) drive

3. Would you please________ the form?

   (a) fill in (b) fill (c) fill up (d) fill at

4. I find the book ________.

   (a) interested (b) interesting (c) bore (d) bored

5. Slow down. I can't ________ up with you.

   (a) fly (b) caught (c) catch (d) ride

Unit 16

Directions and Locations

方向與位置

Group 087

Disk 3

11

0814 □ **above** [ə`bʌv] 介 在……上面；超過 副 在上面

1. The beer is **above**介 the shelf. 啤酒在架子上。
2. The sky **above**副 is so blue. 上方的天空如此蔚藍。

❖ ***above all*** 最重要；首先　❖ ***above average*** 平均以上

0815 □ **below** [bə`lo] 介 在……下面 副 在下面；在下方

1. The total spent on my shopping today was **below**介 NT 5,000. 我今天買東西總共花的錢低於台幣5,000元。
2. I can see the city **below**副 from the airplane.
我從飛機上可以看到下面的城市。

0816 □ **along** [ə`lɔŋ] 介 沿著；順著 副 一起；直走

1. Let's take a walk **along**介 the sidewalk.
我們順著人行道散個步吧。
2. You can come **along**副 with us. 你可以和我們一起去。

❖ ***along with*** 與……在一起；在……以外

❖ ***alongside*** [ə`lɔŋ`saɪd] 副 沿著；旁邊 介 在……旁邊

0817 □ **around** [ə`raʊnd] 介 在……附近；圍繞 副 到處；四周

1. I must have lost my wallet somewhere **around**介 here.
我一定是把皮夾丟在這附近了。
2. Tony looked **around**副 and gave me a letter.
湯尼看了看四周，然後給了我一封信。

0818 □ **behind** [bɪˋhaɪnd] 介 在……後面；向……背後

1. Andy is holding a book **behind** his back.
安迪拿著一本書藏在背後。

- ***behind sb.'s back*** 背著某人
- ***behind schedule*** 落後於預計時間

0819 □ **beside** [bɪˋsaɪd] 介 在……旁邊

1. Who is the girl sitting **beside** Jack?
坐在傑克旁邊的女孩是誰？

0820 □ **by** [baɪ] 介 被；經由；靠 副 經過；過去

1. The door was opened **by**(介) Vick. 門是被維克打開的。
2. Hazel goes to school **by**(介) bicycle.
海柔靠騎腳踏車去上學。
3. Michael walked **by**(副) without saying hello.
麥可走過我身邊，卻沒有打招呼。

0821 □ **from** [frɑm] 介 從……起；由；出自

1. Rose is **from** Mexico. 蘿絲來自墨西哥。

- ***from beginning to end*** 從頭到尾
- ***from day to day*** 天天
- ***from first to last*** 自始至終
- ***from now on*** 從現在開始
- ***from the very first*** 從一開始

0822 □ **into** [ˋɪntu] 介 到……裡；進入到

1. Flora walked **into** her room as soon as she came home.
佛蘿拉一回到家就走進自己的房間。

0823 □ **near** [nɪr] 介 在……附近

1. George's house is **near** mine. 喬治家在我家附近。
2. Nick stands **near** the door. 尼克站在門附近。

0824 □ **out** [aʊt] 介 通過……而出 副 在外；向外

1. Jessie ran **out**[介] the door. 潔西跑出門外。
2. Do you want to go **out**[副] for dinner? 你想出去吃晚餐嗎？

0825 □ **over** [ˋovɚ] 形 結束的；上方的 介 在……之上；越過 副 再一次；重複地

1. The whole event is **over**[形]. 這整件事都結束了。
2. The dog jumped **over**[介] the wall easily.
   那隻狗輕鬆地跳過那道牆。
3. We have to do the work all **over**[副] again.
   我們必須把工作全部重做一次。

0826 □ **under** [ˋʌndɚ] 介 在……下方；處於……情況下

1. Louis left his bicycle **under** the tree.
   路易斯把腳踏車留在樹下。

❖ ***under age*** 未成年　❖ ***under control*** 處於控制之下

0827 □ **up** [ʌp] 副 往上；向上

1. The lift is going **up**. 電梯是要往上的。

❖ ***up and down*** 上上下下　❖ ***ups and downs*** 起落；盛衰

0828 □ **down** [daʊn] 副 在下面；向下

1. You may sit **down** now. 你現在可以坐下了。

Group 088

Disk 3

12

0829 □ back [bæk] 名 可數 (-s) 背部；後面 副 回原處；後退地 形 後面的

1. I hurt my **back**名 when I played tennis yesterday.
   我昨天打網球時，傷到了背。
2. Lily wants to go **back**副 to college. 莉莉想再回大學念書。
3. Andy fell asleep in the **back**形 seat. 安迪在後座睡著了。

❖ ***back and forth*** 來來回回地	❖ ***back up*** 支持
❖ ***turn one's back on*** 轉身不理	❖ ***at sb.'s back*** 背著某人

0830 □ front [frʌnt] 名 可數 (-s) 前面；正面 形 前面的

1. We have a beautiful garden in **front**名 of the house.
   我們家前面有座美麗的花園。
2. You can take the **front**形 seat. 你可以坐前座。

❖ ***in front of*** 在……前面	❖ ***in the front of*** 在……最前面

0831 □ bottom [ˋbɑtəm] 名 可數 (-s) 底部；下端；底層

1. I thank you from the **bottom** of my heart.
   我打從心底感激你。

0832 □ here [hɪr] 名 這裡 副 這裡；在這裡

1. It takes me ten minutes to walk to school from **here**名.
   我從這裡走路到學校要十分鐘。
2. Come **here**副. 來這裡。

0833	□ **there**	[ðɛr] 名那裡 副那裡；那裡

1. I can't call you from **there**名. 我沒辦法從那裡打電話給你。
2. Let's go **there**副 to meet Joanne.
   我們去那裡和瓊安碰面吧。

0834	□ **high**	[haɪ] 形高的 副高；在高處

1. There is a **high**形 mountain behind our house.
   我們家後面有座高山。
2. That bird is flying **high**副. 那隻鳥飛得很高。

❖ 形容詞變化：***higher, highest***

0835	□ **low**	[lo] 形低的；矮的；小的 副低；向下地

1. The house is quite **low**形. 這房子滿矮的。
2. He bent his knees **low**副. 他彎低膝蓋。

❖ 動詞變化：***lower, lowest***

❖ ***high and low*** 到處；各色人等

0836	□ **side**	[saɪd] 名 可數 (-s) 旁邊；面 形旁邊的；次要的

1. Stay close by my **side**名. 待在我的旁邊。
2. What is your **side**形 dish? 你的副餐是什麼？

❖ ***side by side*** 肩並肩地；一起　❖ ***on the side*** 另外

❖ ***put on one side*** 把……置於一邊　❖ ***take sides*** 偏袒

0837	□ **inside**	[`ɪn`saɪd] 名裡面；內部 副在裡面；往裡面

1. There is something written on the **inside**㊔ of the box.
盒子裡面好像寫了些什麼。
2. Why don't you come **inside**副? 你何不進來呢？

0838 □ **outside** [ˋaʊtˋsaɪd] 名外面；外部 副在外面

1. I painted the **outside**名 of the cup blue.
我把杯子的外面塗成藍色。
2. Let's go **outside**副 and play. 我們出去外面玩吧。

0839 □ **left** [lɛft] 名左邊；左方 形左邊的；左方的 副向左地；在左邊

1. You will see the supermarket on the **left**名.
你會在左邊看到超級市場。
2. Can you write with your **left**形 hand? 你會用左手寫字嗎？
3. We should turn **left**副 at the next crossroad.
我們應該在下個路口左轉。

❖ ***left-hand*** [ˋlɛftˋhænd] 形左手的；左側的
❖ ***left-handed*** [ˋlɛftˋhændɪd] 形左撇的

0840 □ **right** [raɪt] 名右邊 形右邊的；正確的 副向右；正確地

1. Who is the man standing on Bill's **right**名?
那個站在比爾右邊的男人是誰？
2. The department store is on the **right**形 hand side of the supermarket. 百貨公司在超級市場的右手邊。
3. William is **right**形. 威廉是對的。
4. Turn **right**副 when you see the traffic light.
紅綠燈時右轉。

❖ ***right away*** 馬上 ❖ ***the rights and wrongs*** 是非曲直

Group 089

Disk 3

13

0841 □ center [ˋsɛntɚ] 名 可數 (-s) 中心；中央

1. There is a park in the center of this city.
   這座城市的中心有一座公園。

❖ ***centered*** [ˋsɛntɚd] 形 位於中心的

❖ ***off center*** 不在正中間

0842 □ east [ist] 名 東方；（一國或地區之）東部

1. We should drive to the east. 我們應該往東邊開。
2. New York is in the east of America. 紐約位在美國東部。

❖ ***eastern*** [ˋistɚn] 形 東方的；東部的

❖ ***easterly*** [ˋistɚlɪ] 副 向東 形 東的；向東的

0843 □ north [nɔrθ] 名 北方；（一國或地區之）北部

1. Most of the students in the class are from the north.
   班上大部分的學生都是從北部來的。

❖ ***northern*** [ˋnɔrðɚn] 形 北方的；北部的

❖ ***the North Pole*** [ðə nɔrθ pol] 北極

❖ ***northeast*** [ˋnɔrθˋist] 名 東北方；東北

0844 □ **south** [saʊθ] 名 南方；（一國或地區之）南部

1. Nick and I will go to the **south** of Taiwan for our vacation.
尼克和我將到台灣南部度假。

❖ ***southern*** [ˋsʌðən] 形 南方的；南部的
❖ ***the South Pole*** [ðə saʊθ pol] 南極
❖ ***southeast*** [ˏsaʊθˋist] 名 東南方；東南

0845 □ **west** [wɛst] 名 西方；（一國或地區之）西部

1. Our house is facing **west**. 我們的房子朝向西方。

❖ ***western*** [ˋwɛstən] 形 西方的；西部的
❖ ***northwest*** [ˋnɔrθˋwɛst] 名 西北方；西北
❖ ***southwest*** [ˏsaʊθˋwɛst] 名 西南方；西南

Group 090

Disk 3

14

0846 □ **arrive** [əˋraɪv] 不可 到達；到來

1. I will be waiting for you when you **arrive** at the airport.
你到達機場時，我會在那裡等你。

❖ 動詞變化：***arrived, arrived, arriving***

0847 □ **bring** [brɪŋ] 及物 帶來；拿來

1. Would you please **bring** me that jacket?
請你把那件外套拿來給我好嗎？

❖ 動詞變化：***brought, brought, bringing***
❖ ***bring about*** 引起 ❖ ***bring on*** 導致；引起

0848 □ carry [ˋkærɪ] 及物 攜帶；提；搬

1. Betty always **carries** her favorite bag.
貝蒂總是帶著她最喜愛的手提袋。

❖ 動詞變化：***carried, carried, carrying***
❖ ***carry away*** 拿走 ❖ ***carry on*** 繼續
❖ ***carry out*** 完成；實行

0849 □ come [kʌm] 不可 來；來到

1. Uncle Tang will **come** to our house tomorrow.
唐叔叔明天會來我們家。

❖ 動詞變化：***came, come, coming***
❖ ***come along*** 一起來；進展 ❖ ***come back*** 回來

0850 □ cross [krɔs] 及物 越過；橫渡

1. How can we **cross** the river? 我們要怎麼過河？

❖ 動詞變化：***crossed, crossed, crossing***
❖ ***crossroad*** [ˋkrɔsˏrod] 名 十字路口；交叉路

0851 □ follow [ˋfɑlo] 及物 跟隨；接在……之後

1. Please **follow** me to see Mrs. Smith in the office.
請跟我到史密斯太太的辦公室見她。

❖ 動詞變化：***followed, followed, following***
❖ ***follow through*** 進行到底；堅持完成 ❖ ***as follows*** 如下

0852 □ go [go] 不可 去；行走

1. Are you ready? Let's go! 你準備好了嗎？我們走吧！

- 動詞變化：***went, gone, going***
- ***go by*** 經過；（時間）過去
- ***go after*** 追求；追逐
- ***go into*** 從事；進入……狀態
- ***go on*** 繼續下去
- ***go through*** 經歷；被通過
- ***go out*** 外出
- ***go with*** 伴隨；與……相配
- ***go up*** 上升；被建造起來

0853 □ leave [liv] 及物 不可 離開（某處）；離去

1. Has Helen left[及] the office yet? 海倫離開辦公室了嗎？
2. When are you leaving[不可] for Taichung?
   你什麼時候要前往台中？

- 動詞變化：***left, left, leaving***
- ***leave behind*** 忘了帶；留下
- ***leave for*** 前往

0854 □ move [muv] 及物 搬開；移動 不可 離開；移動

1. Would you please move[及] the chair for me?
   請你幫我搬開那張椅子好嗎？
2. Don't move[不可]! 不要動！

- 動詞變化：***moved, moved, moving***
- ***on the move*** 在活動、進行中
- ***move about*** 四處走動；到處旅行
- ***make a move*** 採取行動
- ***move on*** 前進；往前走
- ***move out*** 搬出
- ***move over*** 挪開些

0855 □ pull [pul] 及物 不可 拉；拖；牽

1. Ivy **pulled**[及] my clothes and wanted me to go with her. 艾薇拉拉我的衣服，要我跟她一起走。
2. Let's **pull**[不可] harder! 讓我們再用力點拉！

❖ 動詞變化：***pulled, pulled, pulling***	
❖ ***pull at*** 用力拉	
❖ ***pull apart*** 扯斷；撕開	❖ ***pull away*** 拉掉；扯掉
❖ ***pull out*** 拔出	❖ ***pull up*** 向上拉

0856 □ push [puʃ] 及物 不可 推；退進

1. George **pushed**[及] the door open and went into the house. 喬治推開了門，進了家中。
2. Don't **push**[不可]! 不要推！

❖ 動詞變化：***pushed, pushed, pushing***	
❖ ***push back*** 把……向後推	❖ ***push forward*** 推進
❖ ***push over*** 推倒	❖ ***push up*** 向上推

0857 □ put [put] 及物 放；擺；裝

1. You can **put** your bag here. 你可以把包包放在這裡。

❖ 動詞變化：***put, put, putting***	
❖ ***put aside*** 把……放在一邊	❖ ***put away*** 收好；儲存
❖ ***put back*** 放回原處	❖ ***put down*** 放下；寫下
❖ ***put into*** 把……放進	❖ ***put off*** 推遲；拖延
❖ ***put on*** 上演；穿上	❖ ***put up with*** 容忍

練習題 Exercise 16

☞Ans. p.383

1 看圖填充：請從下列單字中，選出正確的字填入空格裡：

above	beside	north	south
into	over	outside	along
inside	under	west	east

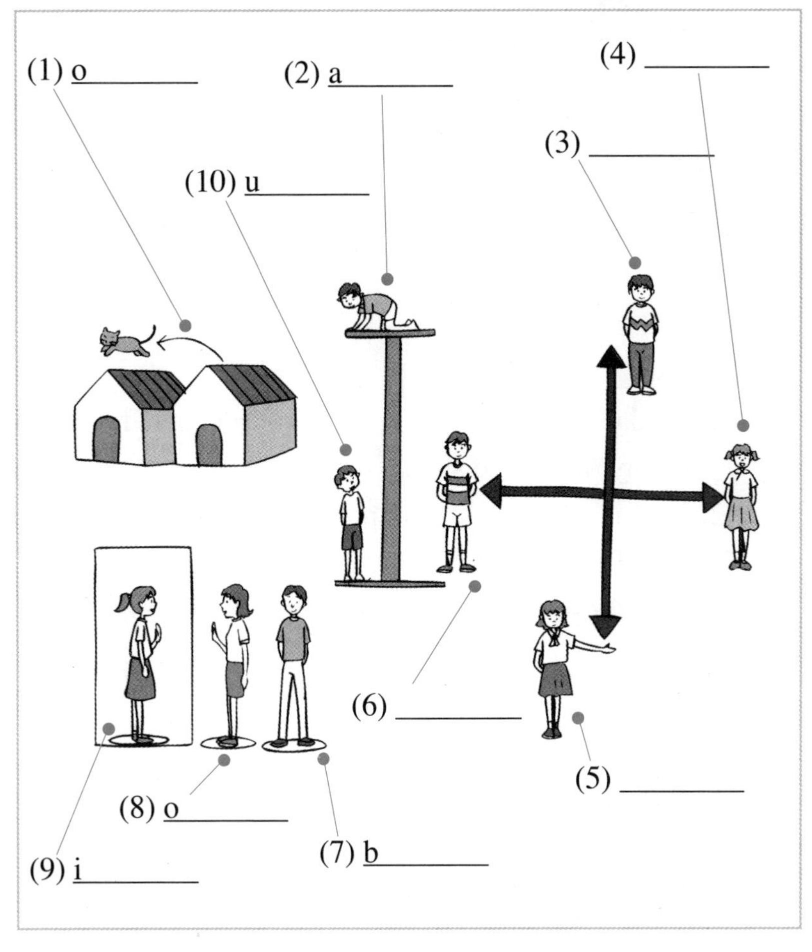

2 填字遊戲

								d.			
							1.	E			
				b.				2.	I		
				E		c.					
				3.		O		N			
				R							
		a.4.	R		N			e.			
		O			5.	O					
								T			
		6.	E			E					
7.		O		S							

✪ 雙線標示，表示單字字尾的最後一格。

Across

1. Linda sits on my ________ hand side, and Tracy sits on my right hand side.
2. That is a ________ mountain. There is even snow on top of it in summer.
3. Paul drove me________ to show me his hometown.
4. He parked his car on the driveway in ________ of the house.
5. Let's sit ________ and talk.
6. We will ________ for Taipei tomorrow to visit my aunt there.
7. We can take the boat to ________ the river.

Down

a. The tour guide said to the tourists, "Please ________ me."

b. The supermarket is ________ my house. It takes me only five minutes to walk there.

c. There are words written on the ________ of the cup. You have to turn the cup upside down to see them.

d. Bill is the one standing ________ me, and Sharon is the one standing in front of me.

e. I heard noise coming from the house. Let's go ________ the house and see what happened.

3 選擇題

1. Can you ________ me the coat over there?
   (a) bring (b) carry (c) follow (d) pull
2. I will ________ Paris tomorrow.
   (a) go (b) move (c) leave for (d) cross
3. This way. Please ________ me.
   (a) come (b) follow (c) leave (d) go
4. A pretty girl is sitting ________ Andy.
   (a) front (b) back (c) next (d) beside
5. ________ with me.
   (a) Carry (b) Arrive (c) Follow (d) Come

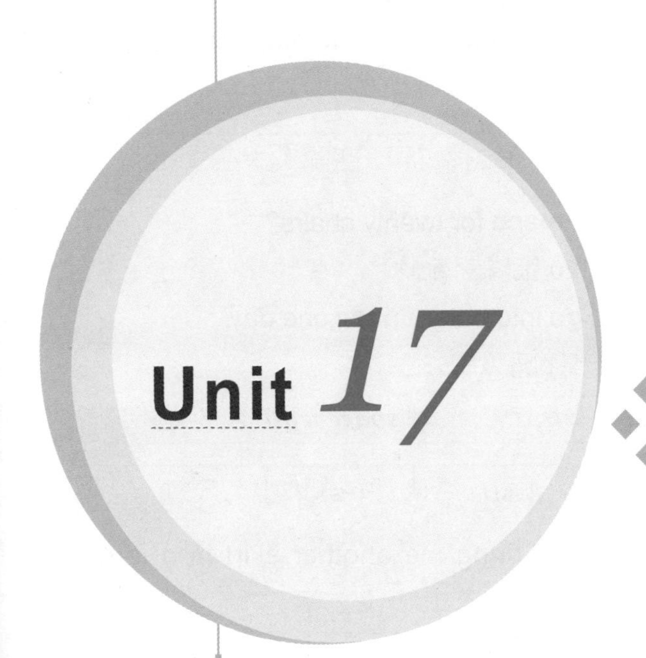

Size, Measurement and Quantity

尺寸、測量和數量

Group 091

Disk 3

0858 □ **space** [spes] 名 不可 空間；太空

1. Is there enough **space** for twenty chairs?
   有足夠的空間放 20 張椅子嗎？
2. Mark wishes to go into outer **space** one day.
   馬克希望有一天能到外太空去。

❖ ***space travel*** 太空旅行 ❖ ***space walk*** 太空漫步

0859 □ **size** [saɪz] 名 可數 (-s) 大小；尺寸

1. Would you please bring me another skirt in a larger **size**? 請你給我另外一件尺寸大一點的裙子好嗎？

❖ ***large-sized*** [`lɑrdʒ`saɪzd] 形 大尺碼的

❖ ***child-sized*** [`tʃaɪld`saɪzd] 形 兒童尺碼的

0860 □ **big** [bɪg] 形 大的；巨大的；重要的

1. Anna made a **big** chocolate cake today.
   安娜今天做了一個大巧克力蛋糕。

❖ 形容詞變化：***bigger, biggest***

0861 □ **large** [lɑrdʒ] 形 大的；多的

1. May I try on a **larger** shirt?
   我可以試穿尺碼大一點的襯衫嗎？

❖ 形容詞變化：***larger, largest***

0862 □ **medium** [`midɪəm] 形 中間的；中等的

1. Do you have a **medium** one? 你有中號尺碼的嗎？

0863 □ **small** [smɔl] 形 小的；小型的

1. Maggie uses the **small** room in the house as her working place. 瑪姬把家裡的小房間做為她工作的地方。

❖ 形容詞變化：***smaller, smallest***

0864 □ **long** [lɔŋ] 形 長的；久的 副 長久地

1. Emma has **long**(形) hair. 艾瑪留長頭髮。
2. You can stay with us as **long**(副) as you want.
   你可以待在這裡，多久都沒關係。

❖ 形容詞變化：***longer, longest*** ❖ ***before long*** 不久以後

Group 092

Disk 3

16

0865 □ **kilogram** [`kɪlə͵græm] 名 可數 (-s) 公斤

1. How many **kilograms** do you weigh? 你有幾公斤重？

0866 □ **pound** [paʊnd] 名 可數 (-s) 磅

1. Please give me two **pounds** of cherries.
   請給我兩磅的櫻桃。

0867 □ shape [ʃep] 名 可數 (-s) 形狀；樣子

1. In what **shape** do you want to make this cake?
   你想把蛋糕作成什麼**形狀**？

- ❖ ***shapeless*** [ˋʃeplɪs] 形 無形狀的；不定形的
- ❖ ***in shape*** 身材健美；處於良好的健康情況
- ❖ ***out of shape*** 身體狀況不佳
- ❖ ***in any shape or form*** 以任何形式
- ❖ ***shape up*** 形成；變得表現良好

0868 □ circle [ˋsɝkḷ] 名 可數 (-s) 圓；圓圈

1. The math teacher drew a **circle** on the blackboard.
   數學老師在黑板上畫了一個**圓**。

0869 □ line [laɪn] 名 可數 (-s) 線條；繩；列；排

1. We can't park here because there is a red **line** on the curb. 我們不能在這裡停車，因為有紅**線**。

- ❖ ***in line with*** 與……一致 ❖ ***line up*** 排隊

0870 □ round [raʊnd] 形 圓的；球形的

1. We bought a **round** dining table.
   我們買了一張**圓形的**餐桌。

Group 093

Disk 3 17

0871 □ **box** [bɑks] 名 可數 (-es) 一箱的容量；箱；盒

1. Mother bought a **box** of apples. 媽媽買了一箱的蘋果。

0872 □ **package** [ˋpækɪdʒ] 名 可數 (-s) 包裹；一組事物

1. I got a **package** today. 我今天收到一個包裹。

❖ ***package tour*** 包辦旅行	❖ ***package holiday*** 承包旅行
❖ ***packaged*** [ˋpækɪdʒd] 形（商品）包裝的	

0873 □ **pack** [pæk] 名 可數 (-s) 包；捆；一包（盒、箱、袋）

1. May I have a **pack** of gum please?
   請給我一包口香糖好嗎？

0874 □ **pair** [pɛr] 名 可數 (-s) 一對；一雙

1. Johnny put on his new **pair** of shoes
   強尼穿上他那雙新鞋子。

❖ ***in pairs*** 成對地	❖ ***pair off*** 把……分成對

0875 □ **part** [pɑrt] 名 可數 (-s) 部分；段；篇

1. There are thirty **parts** in this robot.
   這個機器人有 30 個部分。

❖ ***play a part in*** 在……起作用；參與	❖ ***take part in*** 參加

0876 □ **piece** [pis] 名可數 (-s) 一個；一片；一塊；一件

1. Would you like another **piece** of cake?
   你想要再來一塊蛋糕嗎？

> ❖ ***break into pieces*** （使）成爲碎片
>
> ❖ ***piece by piece*** 一點一點地；逐漸地

Group 094

Disk 3

18

0877 □ **a few** [ə fju] 幾個；一些

1. **A few** students came to visit me last night.
   幾個學生昨晚來家裡拜訪我。

> ❖ ***a few*** = ***some***，修飾**可數**名詞。

0878 □ **a little** [ə`lɪtl̩] 少量的；一點

1. David has **a little** money. 大衛的錢很少。

> ❖ ***a little*** = ***some***，修飾**不可數**名詞。

0879 □ **a lot** [ə lɑt] 大量的；許多

1. Hank has read **a lot** of books. 漢克讀過很多書。

0880 □ **few** [fju] 形代 很少的；幾乎沒有的

1. There are **few**形 people in the supermarket.
   超級市場裡幾乎沒有什麼人。

2. **Few**代 of my friends like my boyfriend, Ken.
我的朋友幾乎都不喜歡我的男朋友肯。

❖ 形容詞變化：***fewer, fewest*** ❖ ***quite a few*** 相當多

0881 □ little [ˋlɪtl̩] 形 少的；幼小的 副 少

1. The **little**形 boy fell asleep in the living room.
小男孩在客廳睡著了。
2. Andy sleeps **little**副. 安迪睡得很少。

❖ 形容詞變化：***less, least***
❖ ***little by little*** 逐漸地 ❖ ***think little of*** 不重視

0882 □ less [lɛs] 形 較小的；較少的

1. I have **less**形 cash than Gina now.
我現在身上的現金比吉娜少。

❖ ***less and less*** 越來越少 ❖ ***less than*** 少於；決不

0883 □ least [list] 形 最小的；最少的

1. Of the four women, Jessica has the **least** income.
四個女人中，潔西卡的收入最少。

❖ ***at (the) least*** 至少 ❖ ***in the least*** 絲毫

0884 □ many [ˋmɛnɪ] 形 許多 代 許多人；許多

1. There are **many**形 people in the park. 公園裡有很多人。
2. **Many**代 of you might have heard this before.
你們當中可能許多人以前就聽過這件事了。

❖ 形容詞變化：***more, most***，接**可數**名詞。
❖ ***as many as*** 和……一樣多 ❖ ***many a*** 許多的

Unit 17 尺寸、測量和數量 Group 094

0885 □ **more** [mor] ㊎更…… ㊹更多的數量；更多的人（事物）㊜更；另外

1. If you are bored, there are **more**㊎ books upstairs.
   如果你覺得無聊，樓上還有更多書。
2. Do you want **more**㊹? 你想要更多嗎？
3. Try to eat **more**㊜. 試著再多吃一點。

❖ ***what is more*** 而且 ❖ ***more and more*** 越來越
❖ ***more or less*** 大約；多少有些 ❖ ***no more*** 不再；也不

0886 □ **most** [most] ㊎最多的；大部分的 ㊹大部分；大多數 ㊜最；非常；很

1. **Most**㊎ people in the class like Sue.
   班上大部分的人都喜歡蘇。
2. **Most**㊹ of us don't agree with Cathy.
   我們大多數都不認同凱西的想法。
3. She is the one Mike loves **most**㊜. 她是麥克最愛的人。

❖ ***at (the) most*** 最多 ❖ ***make the most of*** 充分利用

0887 □ **much** [mʌtʃ] ㊎㊹許多；大量的 ㊜常常；非常

1. How **much**㊎ money did you pay for the car?
   你買這台車花了多少錢？
2. **Much**㊹ of my time was spent on studying.
   我大部分的時間都在讀書。
3. Lily doesn't go out **much**㊜. 莉莉不太常出門。

❖ 形容詞變化：***more, most***，接**不可數**名詞。
❖ ***as much as*** 同樣多的 ❖ ***too much for*** 非……所能及

0888 □ **some** [`sʌm] 形 某些；一些 代 一些；有些人（事）

1. **Some**形 people like to drink tea and **some**代 don't.
   有些人喜歡喝茶，有些人則不喜歡。

Group 095

Disk 3

0889 □ **any** [`ɛnɪ] 形 任一的 代 任何一個；任何人

1. Let me know if there is **any**形 problem.
   如果有任何問題，請讓我知道。
2. Did **any**代 of you know about it?
   你們有任何人知道這件事嗎？

❖ ***if any*** 若有的話 ❖ ***any time*** 任何時候

0890 □ **each** [itʃ] 形 各自的；每 副 各自地 代 各個

1. **Each**形 item has a price tag. 每樣物品上面都有標價。
2. The apples cost fifty cents **each**副. 蘋果每顆 50 分錢。
3. Will **each**代 of you bring a gift for Anna tomorrow?
   你們明天每個人都帶一樣禮物送給安娜好嗎？

0891 □ **enough** [ə`nʌf] 形 足夠的 副 足夠地；充分地

1. Do you have **enough**形 money to buy that book?
   你有足夠的錢買那本書嗎？

2. Tina is tall **enough**㊙副 to touch the tree!
緹娜的身高足以碰到樹了！

0892 □ **every** [ˋɛvrɪ] 形 每一個；全部的

1. **Every** one of them is interested in John's story.
他們每個人都對約翰的故事很有興趣。
2. Fannie cleaned **every** room.
芬妮把所有的房間都打掃過了。

0893 □ **only** [ˋonlɪ] 形 唯一的；僅有的 副 只；僅僅

1. This is the **only**形 thing I know about the news.
這是我對那新聞唯一知道的事。
2. It **only**副 takes me five minutes to walk to the bus stop.
我只需花五分鐘便可以走到公車站。

0894 □ **other** [ˋʌðɚ] 形 其他的；別的 代 其餘的人或物

1. Do you have any **other**形 ideas? 你有其他的主意嗎？
2. Do **others**代 think the same way as you do?
其他人也和你有一樣的想法嗎？

❖ ***each other*** 互相	❖ ***other than*** 除了

0895 □ **several** [ˋsɛvərəl] 形 幾個的；數個的

1. Morris has **several** cameras. 莫瑞斯有好幾台照相機。

練習題 Exercise 17

☞Ans. p.384

1 看圖填充：請從下列單字中，選出正確的字填入空格裡。

line	medium	pull	box
push	round	large	pack
circle	small		

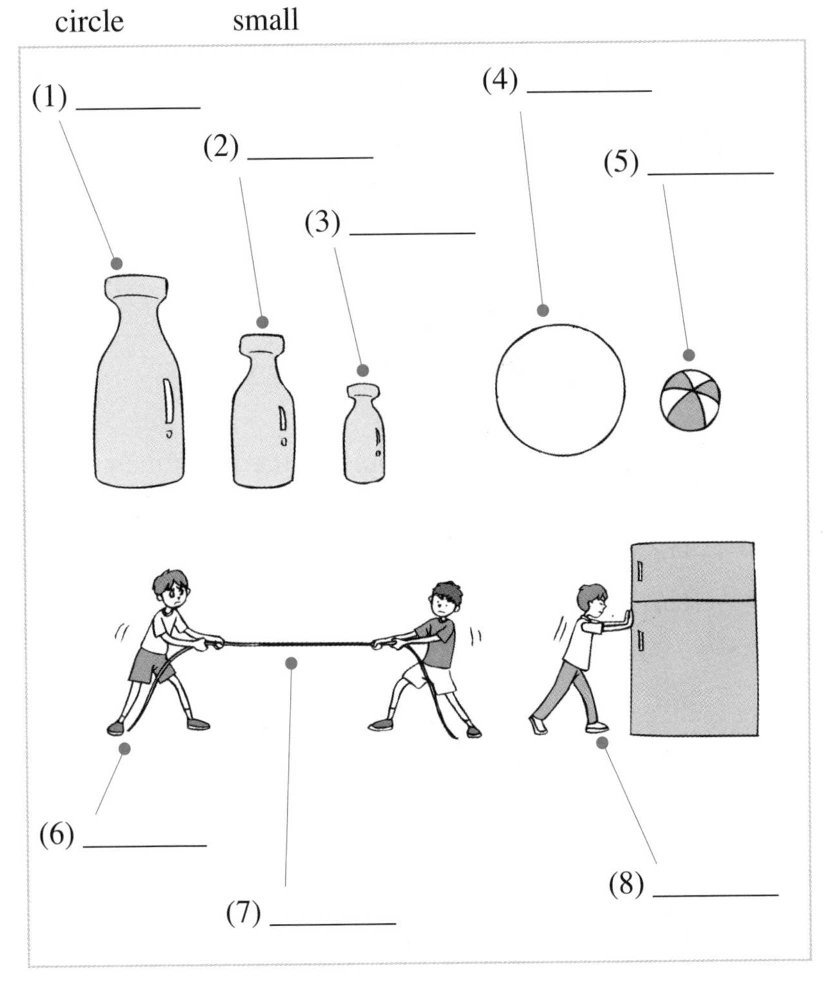

2 填字遊戲

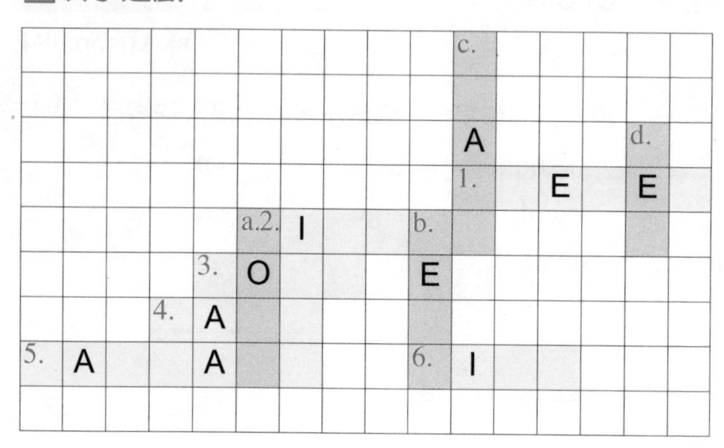

Across

1. Please cut this chocolate cake into 12 ________.
2. My ________ brother is only three years old.
3. Can I have ________ water?
4. There are ________ people in the department store, because there is a sale today.
5. The mail carrier brought me a large ________.
6. This shirt is not my _______. It's too small.

Down

a. Sue had her ________ hair cut.
b. She has ________ money than me. But I can lend her some.
c. Can you see the ________ of that clock? It is round.
d. ________ of us like to talk to him because he is so boring.

3 拼字組合

1. gamriklo k________
2. eastl l________
3. sapec s________
4. aptr p________
5. otsm m________

Animals

動物

Group 096

Disk 3

20

0896 □ **animal** [ˋænəml̩] 名可數 (-s) 動物 形 動物的

1. Sue is an **animal**名 lover. 蘇是個喜愛動物的人。
2. Kelly is writing a book about **animal**形 life.
   凱莉正在寫一本有關動物生活的書。

0897 □ **bear** [bɛr] 名可數 (-s) 熊

1. When you meet a **bear** in the forest, you should play dead. 你在森林裡遇到熊時，應該要裝死。

0898 □ **bee** [bi] 名可數 (-s) 蜂；蜜蜂

1. Jessica is afraid of **bees**. 潔西卡怕蜜蜂。

0899 □ **elephant** [ˋɛləfənt] 名可數 (-s) 大象

1. The **elephant** drinks water with its long trunk.
   大象用長鼻子喝水。

0900 □ **lion** [ˋlaɪən] 名可數 (-s) 獅子

1. **Lions** live in groups. 獅子過著團體生活。

0901 □ **monkey** [ˋmʌŋkɪ] 名可數 (-s) 猴子

1. We have to take the bus to see the **monkeys** in the zoo.
   我們要搭車才能看到動物園裡的猴子。

0902 □ **snake** [snek] 名可數 (-s) 蛇

1. Lily is afraid of **snakes**. 莉莉很怕蛇。

0903 □ **tiger** [ˋtaɪgɚ] 名 可數 (-s) 老虎

1. The skin of a **tiger** is very beautiful.
   老虎的皮毛非常美麗。

Group 097

Disk 3

21

0904 □ **pet** [pɛt] 名 可數 (-s)寵物

1. Do you have a **pet**? 你有養寵物嗎？

0905 □ **bird** [bɝd] 名 可數 (-s) 鳥；禽

1. Grandfather Jones has three **birds**, and they sing beautifully. 瓊斯爺爺養了三隻鳥，歌聲很悅耳。

0906 □ **cat** [kæt] 名 可數 (-s) 貓

1. Larry doesn't like **cats**. 賴瑞不喜歡貓。

0907 □ **dog** [dɔg] 名 可數 (-s) 狗

1. What kinds of **dogs** does Beth have? 貝絲養了哪些狗？

0908 □ **fish** [fɪʃ] 名 可數 魚

1. Mary has five gold **fish**. 瑪莉養了五條金魚。

❖ ***fish*** 一字的單複數同形。

0909 □ **mouse** [maʊs] 名 可數 (mice) 老鼠

1. **Mice** have become new pets. 老鼠已成為新的寵物。

0910 □ **rabbit** [ˋræbɪt] 名 可數 (-s) 兔子

1. **Rabbits** like to eat carrots. 兔子喜歡吃胡蘿蔔。

Group 098

Disk 3 22

0911 □ **farm** [fɑrm] 名 可數 (-s) 農場；農家

1. There are many animals on the **farm**.
   農場裡有許多動物。

❖ ***farmland*** [ˋfɑrm͵lænd] 名 農田

0912 □ **cow** [kaʊ] 名 可數 (-s) 母牛

1. **Cows** can produce milk. 母牛可以生產牛奶。

0913 □ **goat** [got] 名 可數 (-s) 山羊

1. Do you want some **goat** cheese? 你想來點羊奶酪嗎？

0914 □ **horse** [hɔrs] 名 可數 (-s) 馬

1. A white **horse** is running on the farm.
   一匹白馬正在農場上奔跑。

0915 □ **pig** [pɪg] 名 可數 (-s) 豬

1. My cousin was born in the year of the **pig**.

我的表弟是在豬年出生的。

0916 □ **sheep** [ʃip] 名 可數 羊；綿羊

1. Mr. Richardson has many **sheep** on his farm.

理察森先生的農場裡有許多羊。

❖ ***sheep*** 一字的單複數同形。

練習題 Exercise 18

☞Ans. p.384

1 看圖填充：請填入正確的動物名稱。

2 填字遊戲

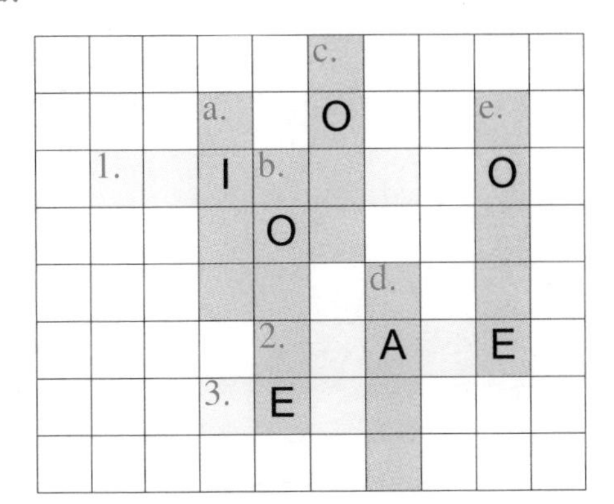

Across

1. Dogs are my favorite ________.
2. In the Bible, the ________ told Eve to eat the apple.
3. A ________ sleeps all winter.

Down

a. A ________ can fly high.
b. The cat catches the ________.
c. A ________ is different from a sheep.
d. There are five cows on the ________.
e. Mr. Smith has a ________. He rides it almost every day.

3 拼字組合

1. leeanpht e________
2. sifh f________
3. bbiart r________
4. oresh h________
5. idbr b________

Nature and Weather

自然與天氣

Group 099

Disk 3

23

0917 □ **beach** [bitʃ] 名 可數 (-es) 海灘

1. Mina spent her vacation at the **beach**. 米娜在海灘度假。

0918 □ **flower** [ˋflauɚ] 名 可數 (-s) 花；花卉

1. Vicky will plant a lot of **flowers** in the garden.
   維琪要在花園裡種很多花。

❖ ***flowered*** [ˋflauɚd] 形 花開著的；多花的
❖ ***flower pot*** 花盆　❖ ***flower show*** 花展

0919 □ **grass** [græs] 名 不可 草地；牧地

1. We would like to have a picnic on the **grass**.
   我們想要在草地上野餐。

❖ ***grassgreen*** [ˋgræsˏgrin] 形 草綠色的；綠草如茵的
❖ ***grassland*** [ˋgræsˏlænd] 名 草原；牧草地

0920 □ **hill** [hɪl] 名 可數 (-s) 小山；丘陵

1. Frank built a house on the **hill**.
   法蘭克在小山上蓋了一間房子。

❖ ***hillside*** [ˋhɪlˏsaɪd] 名 山腰；山坡
❖ ***hilltop*** [ˋhɪlˏtɑp] 名 山頂

0921 □ **island** [ˋaɪlənd] 名 可數 (-s) 島；安全島

1. Nick and Sammy spent their honeymoon on a small **island**. 尼克和珊咪在一座小島上度蜜月。

0922 □ **lake** [lek] 名 可數 (-s) 湖

1. There is a boat by the **lake**. 湖邊有一艘船。

❖ ***lakeshore*** [ˋlek͵ʃor] 名 湖岸

❖ ***lakeside*** [ˋlek͵saɪd] 名 湖邊

0923 □ **land** [lænd] 名 不可 陸地；田地 及物 使降落；使登陸 不及 降落；登陸

1. This **land**(名) belongs to Mr. Jefferson.
   這片土地是傑佛森先生的。
2. The pilot **landed**(及) the airplane at the airport.
   機師將飛機降落在機場。
3. Where did the plane **land**(不及)? 飛機在哪裡降落？

0924 □ **mountain** [ˋmaʊntn̩] 名 可數 (-s) 山；山脈

1. This is the way to the top of the **mountain**.
   這是往山頂的路。

0925 □ **river** [ˋrɪvɚ] 名 可數 (-s) 江；河流

1. Eddie goes fishing at the **river**. 艾迪去河邊釣魚。

❖ ***riverbed*** [ˋrɪvɚ͵bɛd] 名 河床

❖ ***riverside*** [ˋrɪvɚ͵saɪd] 名 河邊 形 河畔的

0926 □ **rose** [roz] 名 可數 (-s) 玫瑰花；玫瑰色

1. The **rose** is my favorite flower. 玫瑰是我最喜歡的花。

0927 □ **sea** [si] 名 可數 (-s) 海；海洋

1. There are hungry fish in the **sea**. 海裡有飢餓的魚。

2. We are going to sail on the **sea**. 我們要坐船去海上旅行。

0928 □ **tree** [tri] 名 可數 (-s) 樹；樹木

1. There are some children playing under the **tree**.
有一些小朋友正在樹下玩。

Group 100

Disk 3

0929 □ **air** [ɛr] 名 不可 空氣

1. Let's open the window and let the fresh **air** in.
我們打開窗戶讓新鮮空氣進來吧。

0930 □ **earth** [ɝθ] 名 不可 地球；陸地

1. The **Earth** looks beautiful from outer space.
地球從外太空看起來非常美。
2. Leaves fell from the tree to **earth**.
樹葉從樹上掉落到地上。

❖ ***come back to the earth*** 回到現實 ❖ ***on earth*** 究竟

0931 □ **fire** [faɪr] 名 可數 (-s) 爐火 不可 火

1. We sat by the **fire**[可]. 我們坐在爐火邊。
2. The house was on **fire**[不可]. 房子失火了。

❖ ***catch fire*** 著火 ❖ ***make a fire*** 生火
❖ ***on fire*** 著火 ❖ ***set on fire*** 放火燒

0932 □ **moon** [mun] 名 不可 月球；月亮；月光

1. Kevin wishes to land on the **Moon** one day.
凱文希望有一天能登上月球。
2. The **moon** is clear tonight. 今晚的月色澄澈。

0933 □ **sun** [sʌn] 名 不可 太陽；陽光

1. The **sun** comes up in the east. 太陽從東邊升起。
2. We hope that tomorrow will have a lot of **sun**.
我們希望明天會出太陽。

❖ ***sunny*** [ˋsʌnɪ] 形 陽光充足的；暖和的
❖ ***sunrise*** [ˋsʌnˏraɪz] 名 日出；黎明

0934 □ **star** [stɑr] 名 可數 (-s) 星星；星形物

1. There are many **stars** tonight. 今晚有許多星星。

0935 □ **sky** [skaɪ] 名 可數 (-s) 天氣 不可 天空

1. The radio station broadcasts clear **skies**[可] tomorrow.
廣播電台預報明天會有晴朗的天氣。
2. There are many clouds in the **sky**[不可] today.
今天的天空雲很多。

❖ ***sky-blue*** [ˋskaɪˋblu] 形 天藍色
❖ ***sky-high*** [ˋskaɪˏhaɪ] 形 非常高的；高昂的

Group 101

Disk 3

25

0936 □ ice [aɪs] 名 不可 冰

1. May I have a Coke with **ice**?
   請給我一杯加冰的可樂好嗎？

❖ ***ice up*** 結冰 ❖ ***break the ice*** 打破沉默

0937 □ rain [ren] 名 不可 雨；雨水 不及 下雨；降雨

1. We don't have much **rain**名 during this season.
   我們這裡這一季沒有下很多雨。
2. It is **raining**不及 heavily now. 現在雨下得很大。

❖ 動詞變化：***rained, rained, raining***

❖ ***rain or shine*** 無論如何；不論晴雨

❖ ***rainfall*** [ˋren͵fɔl] 名 降雨；下雨量

❖ ***raindrop*** [ˋren͵drɑp] 名 雨點；雨滴

0938 □ rainbow [ˋren͵bo] 名 可數 (-s) 虹；彩虹

1. There was a **rainbow** after the rain. 雨後出現了彩虹。

0939 □ snow [sno] 名 不可 雪 不及 下雪

1. We have to clear out the **snow**名 in front of the door.
   我們必須把門口的雪清掉。
2. Will it **snow**不及 tomorrow? 明天會下雪嗎？

❖ 動詞變化：***snowed, snowed, snowing***

❖ ***snowball*** [ˋsno͵bɔl] 名 雪球

❖ ***snowboard*** [ˋsno͵bord] 名 滑雪板

0940 □ **typhoon** [taɪˋfun] 名 可數 (-s) 颱風

1. There will be a **typhoon** coming to Taiwan tomorrow.
   明天有個颱風將登陸台灣。

0941 □ **weather** [ˋwɛðɚ] 名 不可 天氣

1. How is the **weather** over there? 那裡的天氣如何？

> ❖ ***weather forecast*** 天氣預報
>
> ❖ ***weather map*** 天氣圖
>
> ❖ ***weather forecaster*** 氣象播報員
>
> ❖ ***weather station*** 氣象台
>
> ❖ ***weathercast*** [ˋwɛðɚˏkæst] 名 氣象報告
>
> ❖ ***weatherman*** [ˋwɛðɚˏmæn] 名 氣象播報員；氣象局工作員

0942 □ **wind** [wɪnd] 名 不可 風

1. There wasn't much **wind** today. 今天沒什麼風。

Group 102

Disk 3

26

0943 □ **bright** [braɪt] 形 明亮的；晴朗的

1. The sun is so **bright** that I can hardly open my eyes.
   太陽好亮，我的眼睛都睜不開了。
2. It is very **bright** today. 今天的天氣很晴朗。

❖ 形容詞變化：***brighter, brightest***
❖ ***brighten*** [`braɪtn̩] 動 變明亮；使明亮
❖ ***brightly*** [`braɪtlɪ] 副 明亮地；鮮明地

0944 □ **clear** [klɪr] 形 清澈的；晴朗的 及物 清除；收拾

1. The blue sky is very **clear**形. 蔚藍的天空十分清澈。
2. I have to **clear**及 my room today. 我今天得收拾房間。

❖ 形容詞變化：***clearer, clearest***
❖ 動詞變化：***cleared, cleared, clearing***
❖ ***clear away*** 收拾
❖ ***clear off*** 清除；從……離開
❖ ***clear out*** 出空；清除
❖ ***clear up*** 清理；澄清

0945 □ **cloudy** [`klaudɪ] 形 多雲的；陰天的

1. The sky is **cloudy**. It might rain later.
天有些陰，待會可能會下雨。

0946 □ **cold** [kold] 形 冷的；寒冷的

1. Do you feel **cold**? 你會覺得冷嗎？
2. Do you have any **cold** drinks? 你有冷飲嗎？

❖ 形容詞變化：***colder, coldest***
❖ ***coldly*** [`koldlɪ] 副 寒冷地；冷地

0947 □ **cool** [kul] 形 涼快的；冷靜的

1. I like the **cool** weather. 我喜歡涼快的天氣。
2. Paul is very **cool**. 保羅很冷靜。

❖ 形容詞變化：***cooler, coolest***

❖ ***coolly*** [`kulɪ] 副 涼爽地；冷靜地

0948 □ **dry** [draɪ] 形 乾的；乾燥的

1. My skin is **dry** in winter. 我的皮膚在冬天時很乾燥。

❖ 形容詞變化：***drier, driest***

❖ ***dry out/off*** 變乾　❖ ***dry cleaning*** 乾洗

0949 □ **rainy** [`renɪ] 形 下雨的；多雨的；帶雨的

1. This is a **rainy** city. 這是個多雨的城市。

0950 □ **sunny** [`sʌnɪ] 形 陽光充足的；暖和的

1. Last Sunday was **sunny**, and we went on a picnic.
   上個星期天陽光和煦，我們去郊外野餐。

0951 □ **warm** [wɔrm] 形 暖和的；溫暖的

1. Let me bring you a coat to keep you **warm**.
   讓我拿件外套給你，好讓你暖和一點。

❖ 形容詞變化：***warmer, warmest***

❖ ***warm up*** 暖身；作準備

❖ ***warmly*** [`wɔrmlɪ] 副 溫暖地；親切地

0952 □ **wet** [wɛt] 形 潮濕的；濕的；多雨的

1. The towel is still **wet**. 毛巾還是濕的。
2. It rained last night, and the ground is still **wet** now.
   昨晚有下雨，現在地上還是濕的。

0953 □ **windy** [ˋwɪndɪ] 形 多風的；風大的

1. It's **windy**, and you'd better take a coat with you.
   風很大，你最好帶件外套。

Group 103

Disk 3

27

0954 □ **blow** [blo] 及物 不及 吹；刮

1. A gust of wind **blew**[及] Helen's hat off her head.
   一陣強風把海倫的帽子吹掉了。
2. The wind is **blowing**[不及] heavily. 風（吹得）很大。

❖ 動詞變化：***blew, blown, blowing***
❖ ***blow one's nose*** 擤鼻涕　❖ ***blow off*** 炸掉；被風吹

0955 □ **burn** [bɝn] 及物 燙傷；燒傷 不及 燃燒；燙傷

1. Emma **burned**[及] her finger when she was cooking.
   艾瑪做菜時燙傷了手指。
2 Paper is easy to **burn**[不及]. 紙類很容易燃燒。

❖ 動詞變化：***burned, burned, burning***
❖ ***burn away*** 燒掉　❖ ***burn down***（房子的）完全燒毀

0956 □ **change** [tʃendʒ] 及物 不及 改變；（使）變化

1. He **changed**[及] his mind again. 他又改變心意了。

2. The color of the leaves **changed**不及 from green to red.
葉子的顏色從綠變成紅。

> ❖ 動詞變化：***changed, changed, changing***
> ❖ ***change into*** 把……變成；變成
> ❖ ***for a change*** 為了改變一下

0957 □ heat [hit] 名 不可 熱；熱度 及物 加熱；變熱

1. The television gives off **heat**名. 電視機散發出熱量。
2. If you are hungry, you can **heat**及 up the dish.
如果你餓了，可以把菜加熱了來吃。

> ❖ ***heated*** [ˋhitɪd] 形 熱的；興奮的
> ❖ ***heatedly*** [ˋhitɪdlɪ] 副 加熱地；興奮地
> ❖ ***heater*** [ˋhitɚ] 名 暖氣機
> ❖ ***heating*** [ˋhitɪŋ] 名 加熱；暖氣

0958 □ umbrella [ʌmˋbrɛlə] 名 可數 (-s) 雨傘

1. Don't forget to take an **umbrella** with you.
別忘了帶雨傘。

練習題 Exercise 19

☞Ans. p.385

1 看圖填充：請填入正確的自然景觀名稱。

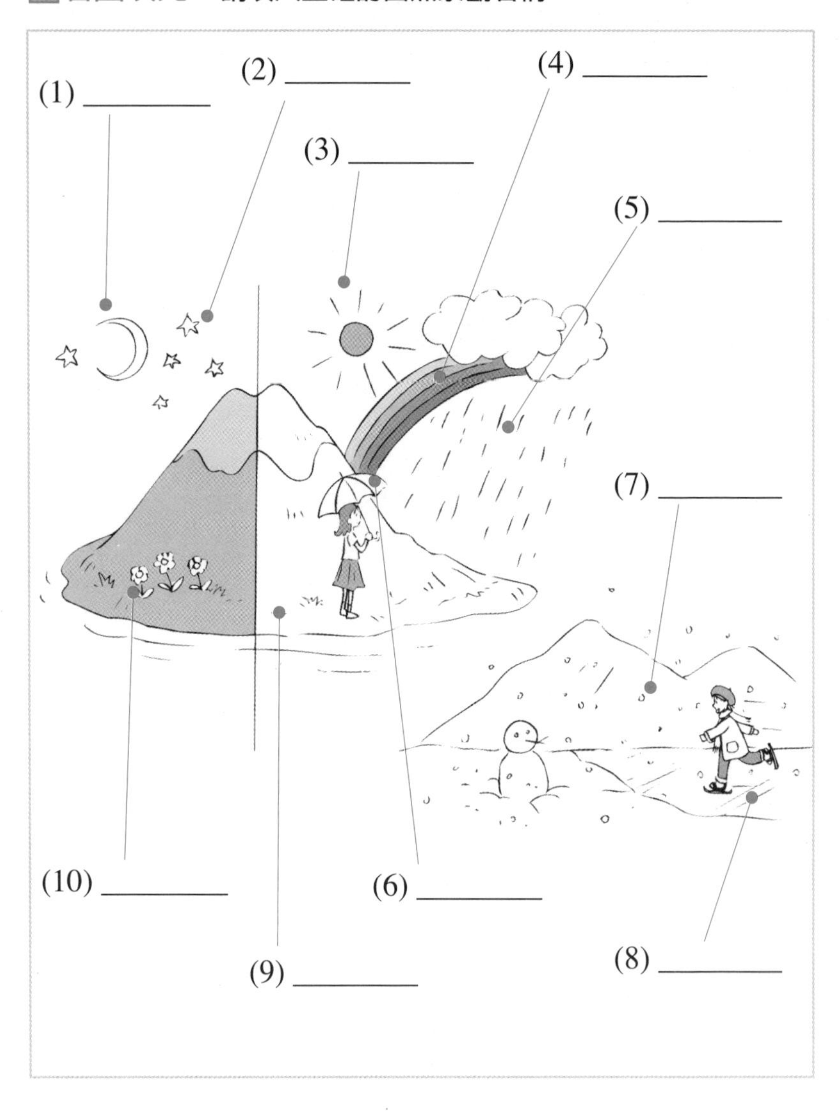

2 填字遊戲

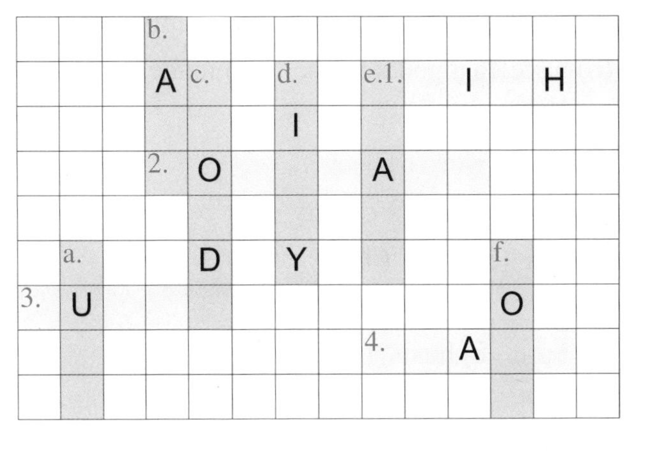

Across

1. The sun is so ________ today. Why don't we go outside and play?
2. Would you like to go ________ climbing with me on Sunday?
3. If it is a ________ day, we can go on a picnic.
4. We can sit on the ________ in the park and have a picnic.

Down

a. We can ________ paper to make a fire.
b. Put on more clothes to keep yourself ________.
c. It is ________. It may rain later.
d. The wind is blowing, and it will be ________ all day.
e. Kelly went to the sandy ________ on the weekend and came back with a nice tan.
f. A red ________ is my favorite flower.

3 選擇題

1. I _______ my mind. I don't want to go shopping now.
   (a) correct (b) have changed (c) open (d) make
2. The sun gives off ________.
   (a) hot (b) warm (c) wet (d) heat
3. The sky is ________. It is not cloudy
   (a) rainy (b) clean (c) clear (d) dry
4. The hot water ________ my finger.
   (a) burned (b) burn (c) heats (d) heat
5. This one is too dark. May I have a ____ one?
   (a) warm (b) warmer (c) bright (d) brighter

Unit 20

Related Words

相關性單字

Group 104

Disk 3

0959 □ helpful [ˋhɛlpfəl] 形 有幫助的；有益的

1. This book is very **helpful** for studying English.
   這本書對研讀英文很**有幫助**。

- ❖ ***helpfully*** [ˋhɛlpfəlɪ] 副 有益處地；有幫助地
- ❖ ***helpfulness*** [ˋhɛlpfəlnɪs] 名 有益；有助
- ❖ ***helping*** [ˋhɛlpɪŋ] 名 幫助 形 給予幫助的；輔助的
- ❖ ***helpless*** [ˋhɛlplɪs] 形 無助的；無用的
- ❖ ***helplessly*** [ˋhɛlplɪslɪ] 副 無助地；無力地

0960 □ useful [ˋjusfəl] 形 有用的；有幫助的

1. I bought a new dictionary, and it turned out to be very **useful**. 我新買了一本字典，結果它非常**有幫助**。

- ❖ ***usefully*** [ˋjusfəlɪ] 副 有用地；有效地
- ❖ ***usefulness*** [ˋjusfəlnɪs] 名 有益；有效
- ❖ ***useless*** [ˋjuslɪs] 形 無用的；無效的
- ❖ ***uselessly*** [ˋjuslɪslɪ] 副 無用地；無效地

0961 □ real [ˋriəl] 形 真正的；實在的

1. Is this **real** gold? 這是**真**金嗎？
2. His love for Amy is **real**. 他對艾咪的愛是**真的**。

- ❖ ***really*** [ˋriəlɪ] 副 很；確實地；實際上
- ❖ ***reality*** [rɪˋælətɪ] 名 事實；現實

0962 □ true [tru] 形 真實的；正確的

1. What Linda said was **true**. 琳達所說的是真的。

- ❖ ***truly*** [ˋtrulɪ] 副 眞實地；確切地
- ❖ ***come true*** 成眞
- ❖ ***true to*** 按照；忠實於
- ❖ ***true to life*** 逼眞的

Group 105

Disk 3

0963 □ begin [bɪˋgɪn] 及物 不及 開始；著手

1. I will **begin**及 learning English next week.
我下週要開始學英文了。
2. When will the class **begin**不及? 課什麼時候開始？

- ❖ 動詞變化：***began, begun, beginning***
- ❖ ***to begin with*** 首先
- ❖ ***in the beginning*** 起初

0964 □ start [stɑrt] 及物 不及 開始；著手

1. Let's **start**及 to do it now. 我們現在就開始做吧。
2. My vacation **starts**不及 in February.
我的假期從二月開始。

- ❖ 動詞變化：***started, started, starting***
- ❖ ***at the start*** 一開始
- ❖ ***start with*** 以……爲開始

0965 □ stop [stɑp] 及物 不及 停止；中止

1. Would you please **stop**及 making noise?
   可以請你停止發出噪音嗎？
2. Why don't you **stop**不及 to help? 你怎麼不停下來幫忙？

- 動詞變化：***stopped, stopped, stopping***
- ***bring to a stop*** 使停止
- ***come to a stop*** 停下
- ***stop in*** 中途做短暫訪問
- ***put a stop to*** 制止

0966 □ end [ɛnd] 名 可數 (-s) 最後；盡頭

1. What happened at the **end** of the story?
   故事的最後發生了什麼事？

- ***come to an end*** 結束
- ***end in*** 以……為結果
- ***in the end*** 最後；終於
- ***put an end to*** 結束

0967 □ borrow [ˋbɑro] 及物 借；借來；借用

1. May I **borrow** your dictionary? 我可以跟你借字典嗎？
2. You can **borrow** the tape from Jane.
   你可以向珍借錄音帶。

- 動詞變化：***borrowed, borrowed, borrowing***
- ***borrowed time*** 奇蹟般的獲救；壽命的意外延長

0968 □ lend [lɛnd] 及物 把……借給

1. Stanley **lent** his car to me last week.
   史丹利上週把車借給我。
2. Would you **lend** me your bicycle?
   你可以把腳踏車借給我嗎？

❖ 動詞變化：***lent, lent, lending***	❖ ***lend a hand*** 幫忙

0969 □ **cut** [kʌt] 及物 不及 剪；砍；割

1. Please **cut**(及) the paper into two pieces.
   請把紙剪成兩半。
2. This knife doesn't **cut**(不及) well.
   這把刀不太鋒利（不好剪）。

❖ 動詞變化：***cut, cut, cutting***	
❖ ***cut down*** 削減；縮短	❖ ***cut in*** 插話；超車
❖ ***cut off*** 切除；切斷	❖ ***cut out*** 刪去；關掉

0970 □ **give** [gɪv] 及物 給；授予；供給

1. **Give** me your hand. 把你的手給我。
2. Alan **gave** me a box of chocolate.
   艾倫給了我一盒巧克力。

❖ 動詞變化：***gave, given, giving***	
❖ ***give away*** 讓掉；贈送；分發	❖ ***give in*** 讓步；呈交
❖ ***give out*** 用盡；分發	❖ ***give up*** 放棄；讓出

0971 □ **take** [tek] 及物 拿；取；帶去

1. Just **take** it. 拿去吧。
2. Would you please **take** me to see her?
   你可以帶我去見她嗎？

❖ 動詞變化：***took, taken, taking***	
❖ ***take away*** 帶走；拿走	❖ ***take down*** 寫下；記下
❖ ***take off*** 脫下；移走	❖ ***take out*** 取出；除去

0972 □ join [dʒɔɪn] 及物 參加；加入 不及 參加

1. Which club did you **join** in college?
   你大學時**參加**哪一個社團？
2. Come and **join** us. 來**加入**我們吧。

❖ 動詞變化：***joined, joined, joining***

0973 □ open [ˋopən] 及物 不及 打開；開張（營業） 形 開著的

1. **Open**及 your book to page seven please.
   請把書**打開**到第七頁。
2. The shop will **open**不及 at nine tomorrow morning.
   店會在明天早上九點**開始營業**。
3. The door was **open**形 when I got home.
   我到家時，門是**開著的**。

❖ 動詞變化：***opened, opened, opening***
❖ ***open with*** 以……開始
❖ ***opening*** [ˋopənɪŋ] 名 開頭；開始的部分

0974 □ close [kloz] 及物 不及 關；（商店等）打烊

1. Don't forget to **close**及 the door when you leave.
   離開時別忘了**關門**。
2. The supermarket will **close**不及 at eight tonight.
   超級市場今晚八點**關門**。

❖ 動詞變化：***closed, closed, closing***
❖ ***bring sth. to a close*** 將某事結束 ❖ ***close down*** 停業

0975 □ **remember** [rɪˋmɛmbɚ] 及物 不及 記得；想起

1. Do you **remember**及 Mr. Yang? 你記得楊先生嗎？
2. I can't **remember**不及. 我不記得了。

> ❖ 動詞變化：***remembered, remembered, remembering***
>
> ❖ ***rememberable*** [rɪˋmɛmbərəbl̩] 形 可記起的；值得紀念的

0976 □ **forget** [fɚˋgɛt] 及物 不及 忘記

1. I will never **forget**及 you. 我永遠都不會忘記你。
2. Nick **forgot**及 to mail the letter for me.
   尼克忘了要幫我寄信。
3. Amy **forgot**不及 about it. 艾咪忘記了。

> ❖ 動詞變化：***forgot, forgot/forgotten, forgetting***
>
> ❖ ***forgetful*** [fɚˋgɛtfəl] 形 健忘的；疏忽的
>
> ❖ ***forgetfully*** [fɚˋgɛtfəlɪ] 副 不注意地；健忘地
>
> ❖ ***forgetfulness*** [fɚˋgɛtfəlnɪs] 名 健忘；忽略
>
> ❖ ***forgettable*** [fɚˋgɛtəbl̩] 形 易被忘記的；可以忘記的
>
> ❖ ***forgetter*** [fɚˋgɛtɚ] 名 健忘的人

Group 106

Disk 3

30

0977 □ **common** [ˋkɑmən] 形 常見的；普通的；平常的

1. It is **common** to have a pet at home.
   家中有寵物是很平常的事。

❖ 形容詞變化：***more common, most common***
❖ ***in common*** 共同的　❖ ***in common with*** 與……一樣
❖ ***commonly*** [ˋkɑmənlɪ] 副 普通地；一般地

0978 □ special　[ˋspɛʃəl] 形 特別的；特殊的

1. Have you got any **special** gifts on your birthday?
   你生日時有沒有收到比較**特別的**禮物？

❖ 形容詞變化：***more special, most special***
❖ ***specially*** [ˋspɛʃəlɪ] 副 特別地；特地；專門地
❖ ***specialty*** [ˋspɛʃəltɪ] 名 專業；專長；特性

0979 □ dangerous　[ˋdendʒərəs] 形 危險的；不安全的

1. It is too **dangerous** for Emma to go there alone.
   艾瑪一個人去那裡太**危險**了。

❖ 動詞變化：***more dangerous, most dangerous***
❖ ***dangerously*** [ˋdendʒərəslɪ] 副 危險地；可能引起危險地

0980 □ safe　[sef] 形 不危險的；安全的

1. The school should be a **safe** place for students.
   學校對學生而言應該是個**安全的**地方。

❖ 形容詞變化：***safer, safest***
❖ ***safely*** [ˋseflɪ] 副 平安地　❖ ***safeness*** [ˋsefnɪs] 名 安全

0981 □ different　[ˋdɪfərənt] 形 不同的；各種的

1. Sue has a **different** idea. 蘇有個**不同的**想法。
2. Students in my class come from **different** places.
   我班上的學生來自**各**地。

❖ 形容詞變化：***more different, most different***

❖ ***differently*** [ˋdɪfərəntlɪ] 副 不同地；相異地

0982 □ same [sem] 形 相同的；一樣的

1. Meg and Linda are wearing the **same** clothes today.
   梅格和琳達今天穿一樣的衣服。

❖ ***all the same*** 還是；依然 ❖ ***the same as*** 跟……一樣

❖ ***all the same to*** 對……來說都一樣

0983 □ difficult [ˋdɪfəˏkʌlt] 形 困難的；艱難的

1. The math homework is very **difficult** for Tom.
   數學作業對湯姆來說很難。

❖ 形容詞變化：***more difficult, most difficult***

❖ ***difficulty*** [ˋdɪfəˏkʌltɪ] 名 困難；艱難；難處

0984 □ easy [ˋizɪ] 形 容易的；不費力的

1. It is very **easy** for Charles to move that heavy box.
   對查爾斯而言，搬開那個重箱子很容易。

❖ 形容詞變化：***easier, easiest*** ❖ ***take it easy*** 別著急

❖ ***as easy as pie*** 很容易 ❖ ***Easy does it!*** 慢慢來！

❖ ***Easier said than done.*** 說時容易做時難。

❖ ***easy money*** 不義之財；得來容易的錢

0985 □ hard [hɑrd] 形 困難的；硬的

1. It is **hard** for Lora to sit quietly. 蘿拉很難安靜地坐著。
2. The bed is **hard**. 床是硬的。

❖ 形容詞變化：***harder, hardest***

❖ ***hardly*** [ˋhardlɪ] 副 幾乎不；簡直不

0986 □ simple [ˋsɪmpḷ] 形 簡單的；單純的

1. This question is very **simple**. 這個問題很簡單。

❖ 形容詞變化：***simpler, simplest***

❖ ***simplehearted*** [ˋsɪmpḷˋhartɪd] 形 純潔的；率直的

❖ ***simpleminded*** [ˋsɪmpḷˋmaɪdɪd] 形 單純的；心地善良的

❖ ***simply*** [ˋsɪmplɪ] 副 簡單地；只不過；僅僅

0987 □ basic [ˋbesɪk] 形 基本的

1. Your **basic** problem is the lack of exercise.
   你最**基本的**問題就是缺乏運動。

❖ ***basically*** [ˋbesɪkəlɪ] 副 基本地

Group 107

Disk 3

0988 □ appear [əˋpɪr] 不及 似乎；顯露；看來好像

1. Mike **appears** to be interested in my story.
   麥克**似乎**對我的故事很有興趣。

❖ 動詞變化：***appeared, appeared, appearing***

❖ ***appearance*** [əˋpɪrəns] 名 顯露；出現；外貌

❖ 此組的單字均可作**連綴動詞**，連綴動詞沒有被動式，並可分為三種，*appear*是第一種，表示**存在某種特徵或狀態**。

0989 □ **become** [bɪˋkʌm] 不及 變成；開始變得

1. Sally has **become** a beautiful woman.
   莎莉已變成一位美麗的女人。

> ❖ 動詞變化：***became, become, becoming***
> ❖ 第二種連綴動詞表示**從某一狀態轉為另一個狀態**，以下的單字從*become*到*turn*均是。另外還有***go***（變得）、***come***（成爲）、***run***（變成）。

0990 □ **fall** [fɔl] 不及 掉落；跌落；成為

1. Little Tommy **fell** down to the ground.
   小湯米跌倒在地上。
2. Kelly **fell** asleep. 凱莉睡著了。

> ❖ 動詞變化：***fell, fallen, falling*** ❖ ***fall behind*** 落在後面

0991 □ **get** [gɛt] 及物 獲得；得到 不及 到達；變成

1. Did you **get**及 good grades in English?
   你有獲得不錯的英文成績嗎？
2. It is **getting**不及 hot these days. 最近這幾天天氣變熱了。

> ❖ 動詞變化：***got, got/gotten, getting***
> ❖ ***get into***（使）穿上；（使）陷入
> ❖ ***get alone*** 和睦相處 ❖ ***get away*** 逃脫
> ❖ ***get on*** 進展 ❖ ***get over*** 克服；恢復
> ❖ ***get together*** 聚集 ❖ ***get up*** 起床；籌備

0992 □ **grow** [gro] 及物 種植；栽培 不及 成長；漸漸變得

1. I would like to **grow**及 some more roses in the garden.
   我想在花園裡多**種**點玫瑰。
2. Michael has **grown**不及 into a strong man.
   麥可已**成長**為強壯的男人了。
3. The problem **grows**不及 bigger every year.
   這個問題每年都**變得**越來越嚴重。

- ❖ 動詞變化：***grew, grown, growing***
- ❖ ***grow up*** 成長；逐漸形成

0993 □ **turn** [tɜn] 及物 （使）轉動；使變成 不及 轉動

1. Hank **turned**及 his head to me when I asked him the question. 我問漢克問題時，他**轉**過頭來對著我。
2. **Turn**不及 to the next page, please. 請**翻**到下一頁。

- ❖ 動詞變化：***turned, turned, turning***
- ❖ ***take turns*** 輪流
- ❖ ***turn down*** 拒絕
- ❖ ***turn into*** 使變成
- ❖ ***turn up*** 打開
- ❖ ***turn off*** 關掉
- ❖ ***turn out*** 結果是

0994 □ **lie** [laɪ] 不及 躺；臥；撒謊

1. Jude was **lying** on the couch when I got home.
   我回到家時，茱蒂正**躺**在沙發上。
2. Frank **lied** to me. 法蘭克對我**撒謊**。

- ❖ 動詞變化（躺；臥）：***lay, lain, lying***
- ❖ 動詞變化（撒謊）：***lied, lied, lying***

❖ 最後一種連綴動詞表示**某狀態的持續**，從 *lie* 到 *stay* 均屬此種。其他還有 ***stand***（處於某種狀態）。

0995 □ **keep** [kip] 及物 保管；持有 不及 保持某一狀態；繼續不斷

1. Will you **keep**及 my secret? 你會為我保守祕密嗎？
2. Everybody, please **keep**不及 quiet. 各位，請保持肅靜。
3. Lillian **keeps**不及 talking about her trip.
   莉莉不斷地在談她的旅遊經歷。

❖ 動詞變化：***kept, kept, keeping*** ❖ ***keep from*** 避開；阻止
❖ ***keep up with*** 跟上；和……保持聯繫

0996 □ **stay** [ste] 不及 停留；留住；繼續；保持

1. We will **stay** in this hotel for another night.
   我們將在這間旅館多待一晚。
2. Let's **stay** close. 我們要互相保持靠近。

❖ 動詞變化：***stayed, stayed, staying***
❖ ***stay up*** 熬夜 ❖ ***stay with*** 同……住在一起

Group 108

Disk 3

0997 □ **have** [hæv] 及物 擁有；使；讓

1. Jennifer **has** beautiful hair. 珍妮佛有美麗的頭髮。

2. I am glad to **have** you as a friend.
   我很高興有你做我的朋友。

> ❖ 動詞變化：***had, had, having***
> ❖ 此組單字均可稱作**使役動詞**。使役動詞通常後接**受詞**再接**原形動詞**，表示**被動**時要用**不定詞** *to*。

0998 □ help [hɛlp] 名 不可 及物 不及 幫助

1. Thanks a lot for your **help**名. 謝謝你莫大的幫助。
2. I **helped**及 him buy some fruit. 我幫他買了些水果。
3. What you said **helped**不及 a lot. 你所說的幫助很大。

> ❖ 動詞變化：***helped, helped, helping***
> ❖ ***cannot help but*** 不得不 ❖ ***with the help of*** 有……的幫忙

0999 □ let [lɛt] 及物 允許；讓

1. Why don't you **let** him go? 你何不讓他去？

> ❖ 動詞變化：***let, let, letting***
> ❖ ***let down*** 使失望 ❖ ***let in*** 讓……進來

1000 □ make [mek] 及物 做；製造；使……做

1. Tina **made** me a cake. 蒂娜做了一個蛋糕給我。
2. Mike was **made** to clean his room.
   麥克被要求去打掃他的房間。

> ❖ 動詞變化：***made, made, making***
> ❖ ***make up*** 編造；組成 ❖ ***make up for*** 補償

練習題 Exercise 20

☞Ans. p.386

1 看圖填充：請從下列單字中，選出正確的字填入句子裡。

cut	safe	open	lying
close	same	gives	opened
end	soft	has grown	hard

(1) May I ______ the window? It is cold.

(2) James ______ me flowers every day.

(3) I had my hair ______.

(4) It is the ______ of the road.

(5) The stone is ______.

(6) These two pens are the ______.

(7) It doesn't look like a ______ place.

(8) A cat is ______ on the run.

(9) This tree ______ ______ very tall.

(10) Who ______ this door?

2 填字遊戲

									e.			
				b.			c.		1.	A		
									A			
			2.	E			F					
		a.										
		O						d.				
			3.	A				R			f.	
4.	I				E							
		O									A	
											T	

Across

1. Take it ________. Everything will be fine.
2. Looking words up in a dictionary is ________ for learning English.
3. Lions are ________ animals. Stay away from them.
4. That is a ________question. Everyone can answer it correctly.

Down

a. Lisa is a ________ English name. I know many people called Lisa.

b. This pen is from my grandfather. It is very ________ to me.

c. Is this toy ________ for a three-year-old kid? I don't

want my child to get hurt.

d. Is that ________? I don't want to believe you.

e. The gold ring looks like a ______ one, but it is a fake one.

f. Students, please sit down. Let's ________ the lesson now.

3 選擇題

1. John forgot _______ my letter. I will mail it tomorrow.
   (a) mailing (b) writing (c) to mail (d) to write
2. Meg had her hair ________ yesterday.
   (a) cutting (b) be cut (c) cut (d) to cut
3. George wants to ________ my dictionary.
   (a) give (b) take (c) lend (d) borrow
4. Larry helped me________ the bag.
   (a) carrying (b) carry (c) to take (d) taking
5. Daisy keeps ________ me questions.
   (a) asking (b) to ask (c) asked (d) to be asked

Appendixes

附録

1 詞性說明

詞性	說明	
名詞	noun：人、事、物、地、概念等的名稱	
	❖ Mary 瑪麗	❖ dog 狗
	❖ book 書	❖ New York 紐約
	❖ time 時間	❖ love 愛
代名詞	pronoun：代替名詞的字，分為以下六類	
	1) 人稱代名詞：she 她	
	2) 所有代名詞：hers 她的	
	3) 反身代名詞：herself 她自己	
	4) 指示代名詞：this 這個	
	5) 不定代名詞：every 每一個	
	6) 疑問代名詞：what 什麼	
動詞	verb：表示動作的字	
	❖ go 走	❖ sit 坐
	❖ play 玩	❖ cry 哭
形容詞	adjective：用來修飾名詞或代名詞的字	
	❖ big 大的	❖ white 白色的
	❖ clear 清楚的	❖ modern 現代的
副詞	adverb：用來修飾動詞、形容詞、副詞，或是用來表達時、地、頻率、程度等等	
	❖ slowly 慢慢地	❖ now 現在
	❖ here 這裡	❖ often 常常
冠詞	article：指示形容詞的一種，分為以下兩種	
	1) 不定冠詞	
	❖ a [e]：用於子音前（a rabbit，一隻兔）	
	❖ an [æn]：用於母音前（an eagle，一隻鷹）	

	2) 定冠詞	
	❖ the [ðə]：用於子音前（the movie，這電影）	
	❖ the [ði]：用於母音前（the opera，這歌劇）	
介系詞	preposition：用來表示詞與詞之間的關係	
	❖ under the tree 在樹下	
	❖ at noon 在正午	
感嘆詞	interjection：用來表示喜怒哀樂等情緒情感	
	❖Wow! 哇！	❖ Alas! 天呀！
連接詞	conjunction：用來連接單字、片語、子句等	
	❖ and 和	❖ or 或是
	❖ but 可是	❖ so 所以

2 代名詞的格變化

A. 單數

人稱	第一人稱	第二人稱	第三人稱		
主格	I	you	she	he	it
所有格	my	your	her	his	its
受格	me	you	her	him	it
所有格代名詞	mine	yours	hers	his	—
反身代名詞	myself	yourself	herself	himself	itself

B. 複數

人稱	第一人稱	第二人稱	第三人稱
主格	we	you	they
所有格	our	your	their
受格	us	you	them
所有格代名詞	ours	yours	theirs
反身代名詞	ourselves	yourselves	themselves

3 名詞的複數形變化

A. 規則變化			
字尾變化	語尾	發音	例字
1) 加 -s	無聲音	[s]	desk → desks（桌子）
	有聲音	[z]	friend → friends（朋友）
	不發音的e	[iz]	rose → roses（玫瑰）
2) 加 -es	-s	[iz]	gas → gases（氣體）
	-ss		class → classes（等級）
	-x		box → boxes（箱子）
	-ch		witch → witches（巫女）
	-sh		wish → wishes（願望）
3) 加 -s 或 -es	-o	[z]	piano → pianos（鋼琴）
			Tomato → tomato<u>es</u>（番茄）
			potato → potato<u>es</u>（馬鈴薯）
4) 去 -y 加 -ies	子音＋y	[z]	lady → ladies（小姐）
5) 去 -f 加 -ves	-f	[vz]	leaf → leaves（葉子）
	-fe		wife → wives（妻子）

B. 不規則變化	
變化方式	例字
1) 母音變化	foot [fʊt] → feet [fit]（腳）
	tooth [tuθ] → teeth [tiθ]（牙齒）
	woman [`wʊmən] → women [`wɪmɪn]（婦女）
	mouse [maʊs] → mice [maɪs]（老鼠）
2) 單複數同形	sheep → sheep（綿羊）
	species → species（品種）
3) 特殊變化	child → children（小孩）

4 形容詞和副詞的比較級變化

A. 規則變化 (1)：一般字尾，加 -er及 -est。

中文	原級	比較級	最高級
明亮的	bright	brighter	brightest
便宜的	cheap	cheaper	cheapest
乾淨的	clean	cleaner	cleanest
清澈的；晴朗的	clear	clearer	clearest
冷的	cold	colder	coldest
涼快的	cool	cooler	coolest
快速的	fast	faster	fastest
少數的	few	fewer	fewest
新鮮的	fresh	fresher	freshest
滿的	full	fuller	fullest
偉大的	great	greater	greatest
硬的；困難的	hard	harder	hardest
高的	high	higher	highest
好心的；親切的	kind	kinder	kindest
長的；久的	long	longer	longest
大聲的	loud	louder	loudest
低的	low	lower	lowest
新的	new	newer	newest
老的	old	older	oldest
貧窮的	poor	poorer	poorest
驕傲的	proud	prouder	proudest
快的	quick	quicker	quickest
安靜的	quiet	quieter	quietest
富有的；豐富的	rich	richer	richest
矮的；短的	short	shorter	shortest

害羞的	shy	shyer	shyest
病的；不舒服的	sick	sicker	sickest
慢的	slow	slower	slowest
聰明的	smart	smarter	smartest
快的；即將的	soon	sooner	soonest
強壯的	strong	stronger	strongest
甜的；甜美的	sweet	sweeter	sweetest
高的	tall	taller	tallest
溫暖的	warm	warmer	warmest
虛弱的	weak	weaker	weakest
年輕的	young	younger	youngest

A. 規則變化 (2)：不發音的 e 結尾，加 -r及 -st。			
中文	原級	比較級	最高級
能夠的	able	abler	ablest
可愛的	cute	cuter	cutest
好的；晴朗的	fine	finer	finest
自由不受拘束的	free	freer	freest
大的	large	larger	largest
好的；仁慈的	nice	nicer	nicest
安全的	safe	safer	safest
簡單的	simple	simpler	simplest
有智慧的	wise	wiser	wisest

A. 規則變化 (3)：短母音＋子音字，重複字尾加-er, -est。			
中文	原級	比較級	最高級
大的	big	bigger	biggest
肥胖的	fat	fatter	fattest
熱的	hot	hotter	hottest

悲傷難過的	sad	sadder	saddest
瘦的	thin	thinner	thinnest

A. 規則變化 (4)：子音字+y，去 -y 加 -ier, -est。

中文	原級	比較級	最高級
生氣發怒的	angry	angrier	angriest
忙碌的	busy	busier	busiest
瘋狂的	crazy	crazier	craziest
骯髒的	dirty	dirtier	dirtiest
乾的	dry	drier	driest
早的	early	earlier	earliest
簡單的	easy	easier	easiest
友善的	friendly	friendlier	friendliest
有趣滑稽的	funny	funnier	funniest
快樂的	happy	happier	happiest
健康的	healthy	healthier	healthiest
重的	heavy	heavier	heaviest
飢餓的	hungry	hungrier	hungriest
寂寞孤單的	lonely	lonelier	loneliest
幸運的	lucky	luckier	luckiest
漂亮的	pretty	prettier	prettiest
口渴的	thirsty	thirstier	thirstiest
不快樂的	unhappy	unhappier	unhappiest

B. 不規則變化			
中文	原形	比較級	最高級
好的	good	better	best
健康的	well		
壞的	bad	worse	worst
不好地	badly		
許多的	many	more	most
許多的	much		
少量的	little	less	least
晚的	late 形	later/latter	latest/last
	late 副	later	latest

5 *Be 動詞* 的不規則變化

使用人稱	現在式	過去式	過去分詞
I	am	was	been
she	is		
He			
It			
you	are	were	
We			
they			

6 動詞的規則與不規則變化

A. 規則變化 (1)：一般字尾，加 -ed 及 -ing。				
中文	原形	過去式	過去分詞	現在分詞
回答	answer	answered	answered	answering
顯現出	appear	appeared	appeared	appearing
詢問	ask	asked	asked	asking
屬於	belong	belonged	belonged	belonging
刷	brush	brushed	brushed	brushing
借	borrow	borrowed	borrowed	borrowing
欺騙；作弊	cheat	cheated	cheated	cheating
檢查	check	checked	checked	checking
歡呼；振奮	cheer	cheered	cheered	cheering
爬	climb	climbed	climbed	climbing
收集	collect	collected	collected	collecting
烹煮	cook	cooked	cooked	cooking
計算；數數	count	counted	counted	counting
跨越	cross	crossed	crossed	crossing
享受	enjoy	enjoyed	enjoyed	enjoying
進入	enter	entered	entered	entering
裝滿；填滿	fill	filled	filled	filling
完成	finish	finished	finished	finishing
修理	fix	fixed	fixed	fixing
跟隨	follow	followed	followed	following
猜想	guess	guessed	guessed	guessing
發生	happen	happened	happened	happening
加熱	heat	heated	heated	heating
幫忙	help	helped	helped	helping
加入	join	joined	joined	joining

跳	jump	jumped	jumped	jumping
踢	kick	kicked	kicked	kicking
殺死	kill	killed	killed	killing
親吻	kiss	kissed	kissed	kissing
聽	listen	listened	listened	listening
看	look	looked	looked	looking
介意	mind	minded	minded	minding
想念；錯過	miss	missed	missed	missing
需要	need	needed	needed	needing
注意	notice	noticed	noticed	noticing
打開	open	opened	opened	opening
點（餐）	order	ordered	ordered	ordering
畫；油漆	paint	painted	painted	painting
通過	pass	passed	passed	passing
玩；播放	play	played	played	playing
指出	point	pointed	pointed	pointing
撿起；挑選	pick	picked	picked	picking
拉	pull	pulled	pulled	pulling
推	push	pushed	pushed	pushing
記得	remember	remembered	remembered	remembering
重複	repeat	repeated	repeated	repeating
表演；展現	show	showed	showed	showing
開始	start	started	started	starting
停留；保持	stay	stayed	stayed	staying
聽起來	sound	sounded	sounded	sounding
說話	talk	talked	talked	talking
感謝	thank	thanked	thanked	thanking
觸碰；撫摸	touch	touched	touched	touching

轉動；旋轉	turn	turned	turned	turning
拜訪；參觀	visit	visited	visited	visiting
等待	wait	waited	waited	waiting
走路	walk	walked	walked	walking
想要	want	wanted	wanted	wanting
清洗	wash	washed	washed	washing
希望	wish	wished	wished	wishing

A. 規則變化 (2)：不發音的 e 結尾，加 -d 及去字尾 -e 加 -ing。

中文	原形	過去式	過去分詞	現在分詞
同意；贊成	agree	agreed	agreed	agreeing
抵達	arrive	arrived	arrived	arriving
相信	believe	believed	believed	believing
關心	care	cared	cared	caring
改變	change	changed	changed	changing
關	close	closed	closed	closing
跳舞	dance	danced	danced	dancing
決定	decide	decided	decided	deciding
死	die	died	died	dying
恨；討厭	hate	hated	hated	hating
希望	hope	hoped	hoped	hoping
喜歡	like	liked	liked	liking
居住	live	lived	lived	living
愛	love	loved	loved	loving
移動	move	moved	moved	moving
練習	practice	practiced	practiced	practicing
準備	prepare	prepared	prepared	preparing
存；節省	save	saved	saved	saving
分享	share	shared	shared	sharing

微笑	smile	smiled	smiled	smiling
吸煙	smoke	smoked	smoked	smoking
嚐	taste	tasted	tasted	tasting
使用	use	used	used	using
歡迎	welcome	welcomed	welcome	welcoming
A. 規則變化 (3)：短母音＋子音字，重複字尾加 -ed 及 -ing。				
中文	原形	過去式	過去分詞	現在分詞
慢跑	jog	jogged	jogged	jogging
點頭	nod	nodded	nodded	nodding
停止	stop	stopped	stopped	stopping
A. 規則變化 (4)：子音字＋y，去 y 加 -ied 及保留 y 加 -ing。				
中文	原形	過去式	過去分詞	現在分詞
帶；搬運	carry	carried	carried	carrying
複印；抄	copy	copied	copied	copying
哭泣	cry	cried	cried	crying
丟下；下（車）	drop	dropped	dropped	dropping
趕緊	hurry	hurried	hurried	hurrying
學習；讀書	study	studied	studied	studying
嘗試	try	tried	tried	trying
擔心	worry	worried	worried	worrying
B. 不規則變化 (1)：三態同型。				
中文	原形	過去式	過去分詞	現在分詞
花費	cost	cost	cost	costing
剪；砍	cut	cut	cut	cutting
受傷；疼痛	hurt	hurt	hurt	hurt
讓	let	let	let	letting
放置	put	put	put	putting
閱讀	read	read [rɛd]	read [rɛd]	reading

B. 不規則變化 (2)：字尾 -d 改為 -t。				
中文	原形	過去式	過去分詞	現在分詞
建造	build	built	built	building
借出	lend	lent	lent	lending
寄；送	send	sent	sent	sending
花費	spend	spent	spent	spending

B. 不規則變化 (3)：其他				
中文	原形	過去式	過去分詞	現在分詞
B				
變成	become	became	become	becoming
開始；著手	begin	began	begun	beginning
咬	bite	bit	bitten	biting
吹；刮	blow	blew	blown	blowing
打破；折斷	break	broke	broken	breaking
拿來；帶來	bring	brought	brought	bringing
燒傷；燙傷	burn	burned/burnt	burned/burnt	burning
購買	buy	bought	bought	buying
C				
抓住	catch	caught	caught	catching
來；來到	come	came	come	coming
D				
挖；掘	dig	dug	dug	digging
做	do	did	done	doing
畫圖	draw	drew	drawn	drawing
作夢；夢想	dream	dreamed/ dreamt	dreamed/ dreamt	dreaming
喝；飲用	drink	drank	drunk	drinking
駕駛	drive	drove	driven	driving

E				
吃；進食	eat	ate	eaten	eating
F				
落下；掉落	fall	fell	fallen	falling
感覺；覺得	feel	felt	felt	feeling
找到	find	found	found	finding
飛	fly	flew	flown	flying
忘記	forget	forgot	forgot/ forgotten	forgetting
G				
得到；獲得	get	got	got/gotten	getting
給予	give	gave	given	giving
去	go	went	gone	going
成長；種植	grow	grew	grown	growing
H				
擁有；使	have/has	had	had	having
聽到	hear	heard	heard	hearing
隱藏	hide	hid	hidden	hiding
抓住；握住	hold	held	held	holding
K				
保持；持有	keep	kept	kept	keeping
知道；認識	know	knew	known	knowing
L				
放	lay	laid	laid	laying
引導；指引	lead	led	led	leading
學習	learn	learned/ learnt	learned/ learnt	learning
離開	leave	left	left	leaving

躺	lie	lay	lain	lying
失去；遺失	lose	lost	lost	losing
M				
做；製造	make	made	made	making
意指；意謂	mean	meant	meant	meaning
碰見；碰面	meet	met	met	meeting
弄錯；誤認	mistake	mistook	mistaken	mistaking
P				
支付	pay	paid	paid	paying
R				
騎；乘坐	ride	rode	ridden	riding
跑步；奔跑	run	ran	run	running
S				
說	say	said	said	saying
看見	see	saw	seen	seeing
販賣	sell	sold	sold	selling
唱歌	sing	sang	sung	singing
坐；就座	sit	sat	sat	sitting
睡覺	sleep	slept	slept	sleeping
聞起來；聞	smell	smell/smelt	smell/smelt	smelling
說	speak	spoke	spoken	speaking
拼寫	spell	spelled/spelt	spelled/spelt	spelling
站立	stand	stood	stood	standing
游泳	swim	swam	swung	
T				
拿	take	took	taken	taking
教導	teach	taught	taught	teaching
告訴	tell	told	told	telling

想	think	thought	thought	thinking
U				
了解；懂得	understand	understood	understood	understanding
W				
醒來	wake	waked/woke	waked/woke	waking
穿著；戴著	wear	wore	worn	wearing
勝利；贏	win	won	won	winning
書寫	write	wrote	written	writing

7 英語的數字與讀法

A. 基數與序數					
	基數	序數		基數	序數
1	one	first	11	eleven	eleventh
2	two	second	12	twelve	twelfth
3	three	third	13	thirteen	thirteenth
4	four	fourth	14	fourteen	fourteenth
5	five	fifth	15	fifteen	fifteenth
6	six	sixth	16	sixteen	sixteenth
7	seven	seventh	17	seventeen	seventeenth
8	eight	eighth	18	eighteen	eighteenth
9	nine	ninth	19	nineteen	nineteenth
10	ten	tenth	20	twenty	twentieth

B. 數字與十進位

	數字	十進位		
0	zero	10	十	ten
30	thirty	100	百	one hundred
40	forty	1,000	千	one thousand
50	fifty	10,000	萬	ten thousand
60	sixty	100,000	十萬	one hundred thousand
70	seventy	1,000,000	百萬	one million
80	eighty	10,000,000	千萬	ten million
90	ninety	100,000,000	億	one hundred million
		1,000,000,000	十億	one billion

C. 小數點讀法：小數點讀 point，零讀 zero

3.1416	three point one four one six
0.454	(zero) point four five four
0.03	(zero) point zero three

D. 分數：分子讀基數，分母讀序數；分子若 > 1，分母加 s

1/3	one third; a third
5/6	five-sixths
1/4	one quarter; one fourth
1/2	one half; a half
2 又 2/1	two and one half

E. 加減乘除

＋ 加號	plus; and	1＋1＝2 → One and one are two → One plus one is two.
－ 減號	minus; subtract	5-1=4 → Five minus one equals four.
× 乘	time	10×1＝10 → Ten times one is ten.
÷ 除	divided by	4÷2＝2 → Four divided by two is two.
＝ 等於	is (are); equal (s); be equal to; make (s)	

8 英語的時間與讀法

A. 年的讀法	
476	four hundred and seventy-six
2001	two thousand and one
1997	nineteen (hundred and) ninety one
1960's	nineteen sixties
B. 日期的讀法（日期通常以序數表示）	
7月4日	July (the) 4th 或July 4
	the fourth of July 或 July the fourth
2003年4月15日	April the fifteenth, two thousand three
C. 時刻的讀法	
12:00	twelve o'clock
7:10	seven ten; ten past seven
2:45	two forty-five; a quarter to three
1:30	one thirty; half past one
D. 時間的各種問句	
問時刻	What time is it? = What's the time? = Have you got the time? = Could you tell me the time? 幾點了？
問星期	What day is today? 今天星期幾？
問幾月幾號	What's the date today? 今天幾月幾號？
問月份	What month is it? 現在幾月？
問年份	What year is it? 今年是（西元）幾年？

Answers 解答

練習題 Exercise 1 (p. 28 - 31)

1 看圖填充

1.	Those	2.	Where	3.	yours	4.	doesn't
5.	between	6.	myself	7.	his	8.	Thanks
9.	this	10.	Their				

2 填字遊戲

Across

1.	Although	2.	welcome	3.	whether	4.	than
5.	because	6.	another	7.	please		

Down

a.	What	b.	meet	c.	also	d.	perhaps

3 選擇題

1.	c	2.	b	3.	d	4.	a	5.	d

練習題 Exercise 2 (p. 42 - 44)

1 看圖填充

1.	grandfather	2.	grandmother	3.	uncle
4.	aunt	5.	cousin	6.	sister
7.	brother	8.	father	9.	mother

2 填字遊戲

Across

1.	important	2.	husband	3.	married	4.	brother
5.	wife	6.	care				

Down

a.	sister	b.	family	c.	new	d.	age

3 拼字組合

1.	born	2.	parent	3.	children	4.	baby
5.	kid						

練習題 Exercise 3 (p. 58 - 60)

1 看圖填充

1.	mouth	2.	shoulder	3.	hand	4.	leg
5.	neck	6.	finger	7.	arm	8.	body
9.	stomach	10.	foot	11.	head	12.	hair
13.	face	14.	nose	15.	lip	16.	eye
17.	ear						

2 填字遊戲

Across

1.	points	2.	smile	3.	knee	4.	shoulder
5.	think						

Down

a.	sound	b.	speak	c.	voice	d.	listen
e.	laugh	f.	nod				

3 選擇題

1.	d	2.	b	3.	d	4.	a	5.	b

練習題 Exercise 4 (p. 79 - 82)

1 看圖填充

1.	shy	2.	lazy	3.	tall	4.	beautiful
5.	rich	6.	busy	7.	kind	8.	friend
9.	fat	10.	old				

2 填字遊戲

Across

1.	famous	2.	honest	3.	stranger	4.	thin
5.	handsome	6.	strong	7.	funny	8.	serious

Down

a.	foreigner	b.	boring	c.	popular

3 選擇題

1.	b	2.	c	3.	d	4.	c	5.	a

練習題 Exercise 5 (p. 96 - 99)

1 看圖填充

1.	afraid	2.	Guess	3.	surprise	4.	worry
5.	kissed	6.	crying	7.	sick	8.	angry

2 填字遊戲

Across

1.	belong	2.	comfortable	3.	angry	4.	share
5.	excited	6.	mind				

Down

a.	Cheer	b.	trouble	c.	miss	d.	proud
e.	afraid	f.	believe				

3 選擇題

1.	a	2.	c	3.	a	4.	b	5.	c

練習題 Exercise 6 (p. 109 - 111)

1 看圖填充

1.	doctor	2.	singer	3.	police	4.	writer
5.	farmer	6.	mailman	7.	king	8.	fisherman
9.	driver	10.	businessman				

2 填字遊戲

Across

1.	meeting	2.	businessman	3.	nurse	4.	boss
5.	leader						

Down

a.	possible	b.	experience	c.	matter	d.	waitress

3 拼字組合

1.	shopkeeper	2.	mailman	3.	singer	4.	chances
5.	business						

練習題 Exercise 7 (p. 128 - 130)

1 看圖填充

1.	camera	2.	hat	3.	cell phone	4.	coat
5.	glove	6.	sock	7.	shoe	8.	jeans
9.	belt	10.	ring	11.	book	12.	sweater

2 填字遊戲

Across

1.	expensive	2.	price	3.	green	4.	dirty
5.	clean	6.	wear	7.	clothes	8.	white

Down

a.	purple	b.	pages	c.	spend	d.	yellow

3 拼字組合

1.	modern	2.	uniform	3.	yellow	4.	price
5.	cheap						

練習題 Exercise 8 (p. 151 - 153)

1 看圖填充

1.	apple	2.	lemon	3.	banana	4.	orange
5.	hamburger	6.	pie	7.	sandwich	8.	egg
9.	knife	10.	fork	11.	popcorn	12.	pizza
13.	spoon	14.	cake	15.	salad	16.	tomato

2 填字遊戲

Across

1.	drink	2.	fresh	3.	chopsticks	4.	water
5.	salt	6.	menu	7.	eat	8.	steak

Down

a.	bottles	b.	delicious	c.	sweet	d.	vegetable

3 選擇題

1.	d	2.	b	3.	a	4.	c	5.	d

練習題 Exercise 9 (p. 167 - 169)

1 看圖填充

1.	three	2.	twenty	3.	five	4.	Seventy
5.	third	6.	dozen	7.	first	8.	All
9.	last	10.	hundred				

2 填字遊戲

Across

1.	thirsty	2.	eleven	3.	forty	4.	number
5.	ninth	6.	Twelve				

Down

a.	count	b.	eight	c.	seven

3 拼字組合

1.	million	2.	thirty	3.	fourth	4.	seventy
5.	eleven						

練習題 Exercise 10 (p. 190 - 193)

1 看圖填充

1.	date	2.	October	3.	Christmas	4.	rest
5.	celebrate	6.	presents	7.	Wait	8.	festival

2 填字遊戲

Across

1.	after	2.	often	3.	minute	4.	during
5.	next	6.	yesterday	7.	evening	8.	finally
9.	late						

Down

a.	morning	b.	Festival	c.	already

3 選擇題

1.	a	2.	c	3.	d	4.	b	5.	c

練習題 Exercise 11 (p. 215 - 218)

1 看圖填充

1.	swimming	2.	jogging	3.	climbing	4.	runs
5.	jumps	6.	kicks	7.	sleep	8.	hurt
9.	dance	10.	draw				

2 填字遊戲

Across

1.	favorite	2.	exciting	3.	practices	4.	habit
5.	kite	6.	exercise	7.	drew		

Down

a.	kicked	b.	tickets	c.	dance	d.	story
e.	interested						

3 選擇題

1.	b	2.	c	3.	a	4.	c	5.	d

練習題 Exercise 12 (p. 229 - 231)

1 看圖填充

1.	sofa/couch	2.	telephone/phone	3.	bedroom
4.	bed	5.	bathroom	6.	kitchen
7.	dining room	8.	wall	9.	chair
10.	window	11.	fan	12.	door
13.	living room	14.	radio	15.	garden

2 填字遊戲

Across

1.	television	2.	video	3.	piano	4.	refrigerator
5.	towel	6.	apartment				

Down

a.	floor	b.	bath	c.	computer

3 選擇題

1.	d	2.	b	3.	b	4.	a	5.	d

練習題 Exercise 13 (p.247 - 249)

1 看圖填充

1.	theater	2.	bookstore	3.	supermarket	4.	museum
5.	zoo	6.	hospital	7.	church	8.	post office
9.	bakery	10.	library				

2 填字遊戲

Across

1.	church	2.	restaurant	3.	medicine	4.	bakery
5.	hospital	6.	Square	7.	library	8.	convenient

Down

a.	museum	b.	headache	c.	foreign

3 選擇題

1.	supermarket	2.	health	3.	theater	4.	street
5.	country						

練習題 Exercise 14 (p. 267 - 269)

1 看圖填充

1.	teacher	2.	student	3.	word	4.	blackboard
5.	sentence	6.	chalk	7.	ruler	8.	paper
9.	eraser	10.	dictionary				

2 填字遊戲

Across

1.	students	2.	blackboard	3.	languages	4.	ruler
5.	example	6.	understand	7.	repeat	8.	correct

Down

a.	workbook	b.	chalk	c.	ask	d.	grade

3 選擇題

1.	b	2.	c	3.	b	4.	a	5.	d

練習題 Exercise 15 (p. 281 - 283)

1 看圖填充

1.	bicycle/bike	2.	motorcycle	3.	car
4.	train	5.	railway	6.	ship
7.	boat	8.	truck	9.	bus

2 填字遊戲

Across

1.	postcard	2.	station	3.	letter

Down

a. drop	b. sidewalk	c. catch	d. trip
e. bridge			

3 選擇題

1. c	2. d	3. a	4. b	5. c

練習題 Exercise 16 (p. 297 - 299)

1 看圖填充

1. over	2. above	3. north	4. east
5. south	6. west	7. beside	8. outside
9. inside	10. under		

2 填字遊戲

Across

1. left	2. high	3. around	4. front
5. down	6. leave	7. cross	

Down

a. follow	b. near	c. bottom	d. behind
e. into			

3 選擇題

1. a	2. c	3. b	4. d	5. d

練習題 Exercise 17 (p. 311 - 313)

1 看圖填充

1.	large	2.	medium	3.	small	4.	circle
5.	round	6.	pull	7.	line	8.	push

2 填字遊戲

Across

1.	pieces	2.	little	3.	some	4.	many
5.	package	6.	size				

Down

a.	long	b.	less	c.	shape	d.	Few

3 選擇題

1.	kilogram	2.	least	3.	space	4.	part
5.	most						

練習題 Exercise 18 (p. 320 - 321)

1 看圖填充

1.	lion	2.	tiger	3.	bird	4.	elephant
5.	monkey	6.	sheep	7.	snake	8.	cow
9.	rabbit	10.	bear				

2 填字遊戲

Across

1.	animal	2.	snake	3.	bear

Down

a.	bird	b.	mouse	c.	goat	d.	farm
e.	horse						

3 拼字組合

1.	elephant	2.	fish	3.	rabbit	4.	horse
5.	bird						

練習題 Exercise 19 (p. 334 - 336)

1 看圖填充

1.	moon	2.	star	3.	sun	4.	rainbow
5.	rain	6.	umbrella	7.	snow	8.	ice
9.	island	10.	flower				

2 填字遊戲

Across

1.	bright	2.	mountain	3.	sunny	4.	grass

Down

a.	burn	b.	warm	c.	cloudy	d.	windy
e.	beach	f.	rose				

3 選擇題

1.	b	2.	d	3.	c	4.	a	5.	d

練習題 Exercise 20 (p. 352 - 354)

1 看圖填充

1.	close	2.	gives	3.	cut	4.	end
5.	hard	6.	same	7.	safe	8.	lying
9.	has grown	10.	opened				

2 填字遊戲

Across

1.	easy	2.	helpful	3.	dangerous	4.	simple

Down

a.	common	b.	special	c.	safe	d.	true
e.	real	f.	start				

3 選擇題

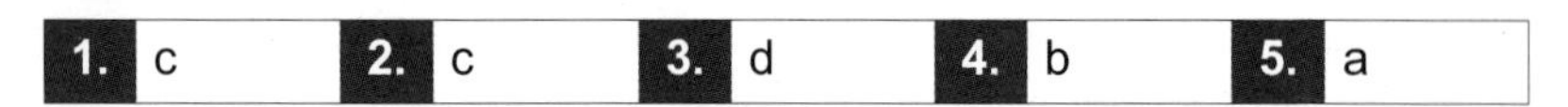

1.	c	2.	c	3.	d	4.	b	5.	a